Sabine Kelkel

10 Minuten Gedächtnistraining mit Senioren

Karten-Set mit **Übungen** für die **geistige Fitness** in der Altenpflege

Sabine Kelkel

10 Minuten Gedächtnistraining mit Senioren

Karten-Set mit Übungen für die geistige Fitness in der Altenpflege

Impressum

Titel

10-Minuten-Gedächtnistraining mit Senioren
Karten-Set mit Übungen für die geistige Fitness in der Altenpflege

Autorin

Sabine Kelkel

Titelbildmotiv und Grafiken im Innenteil

Stoppuhr-Icon © mix3r; Zahnrad-Grafik © rdomino; Flipchart-Icon © botond1977 – alle stock.adobe.com

Druck

Druckzone GmbH & Co KG, Cottbus, DE

Verlag an der Ruhr
Mülheim an der Ruhr
www.verlagruhr.de

ISBN 978-3-8346-3874-8

Inhaltsverzeichnis

Einführung

> So wie das Eisen außer Gebrauch rostet und das stillstehende Wasser verdirbt oder bei Kälte gefriert, so verkommt der Geist ohne Übung.
>
> *Leonardo da Vinci (italienischer Maler, Bildhauer, Architekt und Erfinder, 1452–1519)*

Wir leben in einer Zeit des demografischen Wandels, in der immer mehr ältere Menschen immer weniger jungen gegenüberstehen. Für jeden Einzelnen stellt die zunehmende Langlebigkeit eine Herausforderung dar: Jeder möchte möglichst **gesund und geistig fit alt werden und die eigene Lebensqualität erhalten**. Zur Lebensqualität gehört vor allem ein **gut funktionierendes und trainiertes Gedächtnis**, denn es hilft uns, unseren Alltag besser zu bewältigen.

Die zunehmende Technisierung stellt uns vor ständig neue Herausforderungen, mit denen wir uns auseinandersetzen müssen. Dies wird z.B. beim Kauf einer neuen Waschmaschine oder eines Fernsehers deutlich. Häufig müssen wir uns mit komplizierten Bedienungsanleitungen auseinandersetzen und uns diese aneignen. Konnten wir früher ein Bahnticket am Schalter erwerben oder Geld am Bankschalter abholen, sehen wir uns heute vor allem mit Automaten konfrontiert, deren Anweisungen wir nur folgen können, wenn wir die dafür notwendigen Schritte geistig nachvollziehen und ausführen können. Wir müssen also **geistig flexibel bleiben** und unser Gedächtnis mit entsprechenden Übungen trainieren.

Mit zunehmendem Alter sorgen sich viele Senioren um die Leistungsfähigkeit ihres Gedächtnisses oder **führen Vergesslichkeit auf das Alter zurück**, dem sie nicht entgegenwirken können. Alltägliche Dinge, wie z. B. das Verlegen des Schlüssels bzw. der Brille oder die fehlende Erinnerung an den Namen einer Person, sind jedoch in den meisten Fällen auf mangelnde Konzentration sowie mangelndes Training zurückzuführen.

Das Gehirn verändert sich im Alter. Jedoch wirken sich nicht alle Veränderungen negativ auf die Leistung des Gedächtnisses aus. Für das Aufnehmen und die Verarbeitung neuer Informationen benötigen ältere Menschen zwar mehr Zeit als jüngere, dafür profitieren sie von ihren Erfahrungen und können Situationen oder Dinge wesentlich besser einschätzen. Da die geistige Flexibilität nachlässt, können sie sich weniger gut auf neue Situationen einstellen. Sie reagieren jedoch im Gegenzug in vielen Situationen gelassener und besonnener als Jüngere und machen daher weniger Fehler.

Geistig fit zu sein, ist keine Frage des Alters, sondern des regelmäßigen Trainings. Unsere grauen Zellen reagieren wie unsere Muskeln. Halten wir sie nicht in Bewegung und in Schwung, werden sie träge: Das schnelle Denken fällt immer schwerer, die Konzentration lässt nach, die Fantasie und die Kreativität sinken. Dies sind jedoch wichtige Faktoren, die auch beim Lösen von Problemen eine entscheidende Rolle spielen.

Gedächtnistraining hilft nicht nur, den Alltag leichter zu bewältigen, sondern auch dem natürlichen geistigen Abbau vorzubeugen. Wer mit geistigen Defiziten zu kämpfen hat, kann diesem durch gezieltes Training – das belegen auch neueste Forschungsergebnisse – entgegenwirken. Ein ganzheitliches Gedächtnistraining, das möglichst viele Funktionen des Gehirns anspricht, hat eine positive Wirkung auf die geistige

Einführung

Aktivität: Neue Netzwerke und Verzweigungen werden gebildet und die Denkkapazität wird angekurbelt. Interessiert zu bleiben, Interesse zu wecken und sich immer wieder neuen Herausforderungen zu stellen, sind Aspekte, die dazu beitragen, geistig fit zu bleiben. Gedächtnistraining in der Gruppe macht nicht nur Spaß, es fördert auch das soziale Miteinander, die Motivation und Kommunikation. Jeder kann sich mit seinen individuellen Fähigkeiten einbringen und beim Lösen der unterschiedlichen Denkaufgaben erfahren, zu welchen Leistungen er noch fähig ist. So wird beim Gedächtnistraining nicht nur altes Wissen aufgefrischt, es wird auch neues Wissen erworben. Darüber hinaus regt es die Teilnehmer an, gewohnte Denkbahnen zu verlassen oder sich mit außergewöhnlichen Dingen zu beschäftigen.

Die Übungen, Tipps und Anregungen, die Sie in diesem Karten-Set finden, sollen Ihnen künftig die Gestaltung für ein 10-Minuten-Gedächtnistraining oder auch für eine Trainingsstunde erleichtern sowie Ihren Zeitaufwand für die Vorbereitung verkürzen.

Das Format ermöglicht Ihnen einen unkomplizierten Einsatz bei der geistigen Aktivierung von Senioren mit und ohne Demenz genauso wie bei Bettlägerigen. Es kann z. B. auch während eines Spaziergangs oder Ausflugs genutzt werden, um zwischendurch unterhaltsame Denkaufgaben lösen zu lassen.

Selbstverständlich kann das Karten-Set auch für den privaten Bereich genutzt werden. Angehörige können die Übungen in die tägliche Pflege einbinden oder innerhalb „freier" Zeitfenster (z. B. vor dem Kaffeetrinken) nutzen.

Viel Spaß und Freude mit dem Karten-Set wünscht Ihnen *Sabine Kelkel*

An wen richtet sich das Karten-Set?

Das Karten-Set kann sowohl von Fachkräften als auch von Laien für die geistige Aktivierung ihrer Teilnehmer bzw. zu betreuenden Personen verwendet werden, z.B. von:

- Altenpflegern und Altenpflegehelfern
- Altentherapeuten
- zusätzlichen Betreuungskräften nach § 53c SGB XI
- ehrenamtlichen Betreuungskräften
- Angehörigen
- Gedächtnistrainern
- Reisebegleitern und anderen Gruppenleitern

Dieses Karten-Set beinhaltet viele Übungen zur geistigen Aktivierung von Senioren mit leichter/beginnender Demenz, methodisch variiert auch von Senioren mit mittlerer Demenz. Dabei sollten Sie immer auf die Leistungsfähigkeiten und die Tagesformen Ihrer Teilnehmer Rücksicht nehmen. Welche Übungen Sie einsetzen können, ist abhängig vom Stadium der Demenz sowie der individuellen kognitiven Leistungsfähigkeit. Bitte beachten Sie, dass Sie die Übungen ggf. nach eigenen Kriterien an die Gruppe anpassen müssen. Grundsätzlich sollen die Übungen Spaß machen und den Teilnehmern Erfolgserlebnisse vermitteln. Je spielerischer die geistige Aktivierung stattfindet, desto eher ist ein Erfolg zu verzeichnen. Dazu gehört auch, dass die Teilnahme am Training unbedingt freiwillig ist. Darüber hinaus sollten falsche Antworten nicht von Ihnen korrigiert werden – alle Antworten sind richtig! Wird ein Thema verfehlt, hat dies meist mit Wortfindungsstörungen der betreffenden Person zu tun. Es empfiehlt sich, die Kernaussage noch einmal positiv zu formulieren und dem Teilnehmer die Lösung sozusagen in den Mund zu legen.

An wen richtet sich das Karten-Set?

Unterstützend wirken alle Übungen, die das Langzeitgedächtnis ansprechen. Je nach Stadium der Demenz ist das Kurzzeitgedächtnis so stark beeinträchtigt, das bereits einfache Merkübungen oder Fragen zum aktuellen Tagesgeschehen zu einer Überforderung führen und demotivierend wirken. Das Karten-Set bietet viele Übungen, die das Langzeitgedächtnis ansprechen und zu Gesprächen anregen. Auf diese Weise haben Sie die Möglichkeit, auch biografische Elemente miteinzubeziehen: Sie wecken nicht nur Erinnerungen, sondern aktivieren gleichzeitig auch vorhandenes Wissen und Fertigkeiten. So können Sie das Selbstwertgefühl Ihrer Teilnehmer steigern („Das kann ich noch!").

Sie können die Übungen des Karten-Sets aber auch sehr gut mit geistig fitten Senioren durchführen, die ihr Gedächtnis über Kreuzworträtsel und Sudokus hinaus trainieren möchten. Das Karten-Set spricht also ebenso Senioren an, die bereits erste Erfahrungen mit dem Gedächtnistraining gemacht haben, als auch solche, die ihr Gedächtnis regelmäßig trainieren. Sie können das Karten-Set sowohl in der Gruppe als auch in der Einzelaktivierung einsetzen.

Wie ist das Karten-Set aufgebaut?

In diesem Karten-Set finden Sie Übungen zu den Trainingszielen Wortfindung und Wortschatz, assoziatives und flexibles Denken, Wahrnehmung und Konzentration sowie Urteilsfähigkeit und Formulieren. Damit Sie die dazugehörigen Übungen den einzelnen Trainingszielen sofort zuordnen können, sind diese farbig gekennzeichnet:

- Wortfindung/Wortschatz
- Assoziatives/flexibles Denken
- Wahrnehmung/Konzentration
- Urteilsfähigkeit/Formulieren

Übungen zum Trainingsziel Wortfindung/Wortschatz dienen dazu, Wörter aus dem Wortspeicher abzurufen und sich den eigenen Wortschatz bewusst zu machen.

Übungen für das assoziative Denken regen dazu an, Gedankenverbindungen zu vorgegebenen Begriffen oder Themen herzustellen sowie neue Informationen mit bereits gespeicherten zu verknüpfen.
Übungen für das flexible Denken (Denkflexibilität) trainieren die geistige Beweglichkeit bzw. die Fähigkeit, schnell auf wechselnde Situationen zu reagieren. Geistige Beweglichkeit bewirkt Flexibilität im Denken und Handeln, die Senioren u. a. im Umgang mit technischen Geräten, wie der Bedienung eines Handys benötigen.
Übungen für die Wahrnehmung beziehen all unsere Sinne mit ein. Bei diesen Übungen geht es darum, etwas bewusst mit einem, mehreren oder allen Sinnen aufzunehmen.
Übungen für die Konzentration sollen die Fähigkeit entwickeln, die ungeteilte Aufmerksamkeit für einen bestimmten Zeitraum auf eine Sache zu lenken.

Wie ist das Karten-Set aufgebaut?

Übungen für die Urteilsfähigkeit regen dazu an, sich eine eigene Meinung über Sachverhalte, Ereignisse etc. zu bilden. Nach Abwägen aller bekannten Fakten wird eine Entscheidung getroffen. Dabei sollen und dürfen der eigene Standpunkt bzw. unterschiedliche Meinungen vertreten werden.
Übungen zum Formulieren halten dazu an, einen Gedanken oder Sachverhalt durch eine bewusst gewählte Zusammensetzung von Wörtern in sprachlich richtiger Form auszudrücken.

Da viele Senioren allein leben und häufig niemanden haben, mit dem sie sich unterhalten können, empfiehlt es sich, Gesprächseinheiten, die während des Trainings aufkommen, immer den Vorrang zu geben. So können Sie biografisches Arbeiten mit Gedächtnistraining verbinden. Gespräche sowie u.a. Übungen für die Urteilsfähigkeit regen Senioren zum Formulieren von Sätzen und zum Nachdenken an, fördern die Kommunikation und sind somit ein gutes Training für das Langzeitgedächtnis.

Jede Karte beinhaltet eine Grundübung sowie mögliche Varianten. Sofern erforderlich, finden Sie ebenfalls Lösungsvorschläge auf der dazugehörigen Karte. Die Übungen sind grundsätzlich so konzipiert, dass sie mündlich durchgeführt werden können. Zum besseren Verständnis bzw. Lösen der Aufgaben wird zu einigen Karten das Anschreiben an einen Flipchart oder an eine Tafel empfohlen. Diese Empfehlung ist bei der jeweiligen Übung mit einem Icon gekennzeichnet:

Wie können Sie das Karten-Set einsetzen?

Die Übungen des Karten-Sets können sowohl für Gedächtnistrainingsstunden in der Gruppe, für die Einzelbetreuung, für die Kurzzeitaktivierung in Pflegeeinrichtungen bzw. Seniorenheimen als auch für den privaten Gebrauch genutzt werden.

Einsatz der Karten für ein 10-Minuten-Gedächtnistraining

Das Karten-Set mit seiner praktischen Fächerfunktion sowie den farblich gekennzeichneten Trainingszielen verschafft Ihnen einen schnellen Überblick über mögliche Übungen und erleichtert Ihnen deren Auswahl. Durch das Lösen der Schraube, die das Karten-Set zusammenhält, haben Sie die Möglichkeit, einzelne Karten herauszunehmen oder neu anzuordnen.
So können Sie nur die Karten mit in die Runde oder Einzelbetreuung nehmen, die Sie für die Durchführung benötigen. Die Übungen können beliebig miteinander kombiniert werden.

Je nach Leistungsfähigkeit der Teilnehmer kann es sein, dass Sie bereits mit einer Übung für ein 10-Minuten-Gedächtnistraining auskommen oder eine weitere auswählen müssen. Ergibt sich darüber hinaus ein Gespräch aufgrund einer ausgewählten Übung, sollten Sie diesem immer Vorrang geben.
Um das Training möglichst abwechslungsreich zu gestalten, wählen Sie Übungen aus den vier unterschiedlichen Trainingsbereichen aus. Dies bietet sich vor allem dann an, wenn Ihnen mehr als 10 Minuten zum Gedächtnistraining zur Verfügung stehen.

Wie können Sie das Karten-Set einsetzen?

Einsatzmöglichkeiten für eine komplette Stunde

Da die vielfältige Übungsauswahl unterschiedliche Trainingsziele verfolgt, können Sie ohne Weiteres Übungen miteinander kombinieren und zu einer kompletten Trainingsstunde zusammenstellen. Gerade weil Ihnen jede Karte neben der Grundübung weitere Übungsvarianten aufzeigt, bieten sich Ihnen dadurch unzählige Variations- und Einsatzmöglichkeiten.

Viele Übungen zu dem Trainingsziel Wortfindung/Wortschatz können Sie ruhig mehrmals einsetzen, da sie einen großen Antwortspielraum zulassen. Erfahrungsgemäß werden von den Teilnehmern auch immer wieder neue Antworten genannt, wie z. B. bei den „Abc-Übungen" (Karte 1) oder den Übungen zum Assoziieren.

Übungen, bei denen Ihnen in diesem Karten-Set der Einsatz einer Tafel oder eines Flipcharts empfohlen wird, können durchaus auch mal als Gruppenübung mit Wettspielcharakter durchgeführt werden. Letztendlich aber entscheiden Sie als Gruppenleiter, mit Blick auf Ihre Gruppe sowie deren Leistungsfähigkeit, ob Sie eine Übung im Plenum oder als Partner- oder Gruppenübung durchführen.
Wie bei allen Gedächtnistrainingsübungen gilt auch hier: Fordern Sie Ihre Teilnehmer, aber überfordern Sie sie auf keinen Fall. Behalten Sie die Leistungsfähigkeit jedes einzelnen Teilnehmers im Blick, damit niemand überfordert wird. Ermöglichen Sie Erfolgserlebnisse, die das Selbstbewusstsein der Teilnehmer und den Spaß am Training fördern bzw. steigern.

Beginnen Sie Ihre Stunde mit leichten Übungen, sodass jeder Teilnehmer eine Antwort geben kann.

Wie können Sie das Karten-Set einsetzen?

Dies fördert nicht nur die Motivation, es baut auch mögliche Ängste, wie z. B. sich zu blamieren, ab. Lassen Sie ebenso die Stunde mit einer leichten Aufgabe ausklingen, damit jeder Teilnehmer die Gedächtnistrainingsrunde mit einem positiven Gefühl verlässt.

Verwenden Sie die vorgegebenen Beispiele auf den Karten, wenn Sie eine Übung einsetzen, und nennen Sie gegebenenfalls weitere Beispiele. Dadurch stellen Sie sicher, dass die Aufgabenstellung von allen Teilnehmern verstanden wurde. Manchmal kann es auch notwendig bzw. hilfreich sein, eine neue Formulierung für ein vorgegebenes Beispiel zu verwenden.

Da sich die Denkprozesse im Alter verlangsamen, geben Sie Ihren Teilnehmern genügend Zeit zum Lösen der Übungen. Planen Sie außerdem ausreichend Zeit zum Auflösen und Vergleichen der Antworten im Plenum ein. Die Teilnehmer möchten erfahrungsgemäß ihre Ergebnisse präsentieren und auch hören, welche Lösungen ihre Mitspieler gefunden haben.

Geben Sie ruhig kleine Hilfestellungen, wenn Sie merken, dass Ihre Teilnehmer keine Antworten finden. Umschreiben Sie die Antwort neu, denn manchmal brauchen die Senioren nur einen kleinen Hinweis in eine andere bzw. ähnliche Richtung und die Antwort kommt plötzlich wie von selbst.

Selbstverständlich können Sie alle Übungen des Karten-Sets einschließlich der vorgeschlagenen Varianten durch eigene Ideen und Materialien ergänzen bzw. erweitern. Bestimmt fallen Ihnen noch weitere Varianten zu den vorgegebenen Übungen ein.

Weiterführende Tipps zu einzelnen Übungen

Sofern Sie die Übungen nicht nur in mündlicher Form durchführen, sondern generell mit einem Flipchart oder einer Tafel arbeiten und die Antworten Ihrer Teilnehmer aufschreiben, hier noch ein paar zusätzliche Tipps zu einzelnen Übungsaufgaben.

Abc Übungen .... Karte 1

Wenn es bei einem Abc-Spiel möglich ist, lassen Sie die angeschriebenen Lösungen in Kategorien einteilen, wie z. B.

Variante 2: Handwerks- und andere Berufe
Variante 4: Gegenstände nach ihrer Verwendungsmöglichkeit ordnen lassen
Variante 5: Ballsportarten, Mannschafts- oder Einzelsportarten
Variante 8: positive und negative Eigenschaften (Gesprächsanregung: Meist fallen den Teilnehmern eher negative Eigenschaften ein. Warum ist das so?)
Variante 12: Politiker, Schriftsteller, Schauspieler ...
Variante 13: Blumen, Sträucher, Bäume (Gesprächsanregung: Wer hatte einen eigenen Garten und was wurde darin angepflanzt?)

Reimübungen .... Karte 3

Lassen Sie Ihre Teilnehmer eigene Umschreibungen suchen. Diese werden dann in der Gruppe vorgelesen und von der Gruppe die entsprechenden Antworten gesucht.

Schüttelanagramm .... Karte 4

Lassen Sie die Teilnehmer weitere Vogelarten suchen und dann wieder in Kategorien, wie z. B. Sing-, Greif-, Zug- oder Standvögel, einteilen.

Weiterführende Tipps zu einzelnen Übungen

Assoziieren .... *Karte* 9

Geben Sie Ihren Teilnehmern einen Begriff vor, diese nennen drei passende Wörter, die damit assoziiert werden können.

Abc-Suche .... *Karte* 18
Zahlen-Suche .... *Karte* 19

Bei der „Abc-Suche" können Sie die Buchstaben durch eine Zahl ersetzen, z. B. schreiben Sie anstelle des Buchstabens „B" die Zahl „2" auf. Bei der Übung „Zahlen-Suche" ist es dann umgekehrt.

Gib „Acht" .... *Karte* 21

Sammeln Sie gemeinsam mit den Teilnehmern weitere Wörter, die eine Zahl beinhalten (z.B. Zweibrücken, Dreispitz, Revier ...), oder erfinden Sie gemeinsam eine Geschichte mit Zahlwörtern.

Abc-Quiz .... *Karte* 23

Geben Sie den Teilnehmern die Antworten vor, diese formulieren passende Fragen. Oder schreiben Sie Fragen und Antworten entsprechend Ihrer Teilnehmerzahl auf einzelne Karten. Verteilen Sie die Karten so, dass einige Teilnehmer die Fragen haben, die anderen die Antworten. Der erste Teilnehmer beginnt und liest seine Frage vor. Derjenige, der glaubt, die richtige Antwort zu haben, meldet sich und liest seine Antwort der Gruppe vor.

Über die Autorin

Sabine Kelkel

ist gelernte Apotheken- und Arzthelferin, verheiratet und Mutter eines Sohnes. 2002 wurde sie zufällig auf das Thema „Gedächtnistraining" aufmerksam und war sofort davon begeistert. Ihr Bestreben ist es, bei den Menschen ein Bewusstsein zu schaffen, möglichst früh etwas für die geistige Fitness zu tun, um die vorhandenen Fähigkeiten so lange wie möglich zu erhalten und den natürlichen Abbau, der bereits Mitte des 25. Lebensjahres beginnt, hinauszuzögern. Dabei sollen die vielfältigen Übungsmöglichkeiten ihrer Publikationen bei „Jung und Alt" Spaß und Freude sowie Lust am Denken wecken.
Neben ihrer Tätigkeit mit Senioren hat Sabine Kelkel in Zusammenarbeit mit ihrer Kollegin Petra Jahr das Programm MemoBooster®, ein Achtsamkeits- und Konzentrationstraining für Kinder, entwickelt.
Sabine Kelkel ist Mitglied im Bundesverband Gedächtnistraining e.V. und als selbstständige Gedächtnis- und Lerntrainerin sowie als Ausbildungsreferentin tätig.

Bisherige Publikationen im Verlag an der Ruhr

- **„ABC-Gedächtnisspiele für Senioren"**, ISBN: 978-3-8346-3526-6
- **„Gedächtnistraining mit Senioren – Aktivierung leicht gemacht!"**, ISBN: 978-3-8346-2792-6
- **„Frühling. Themenheft Gedächtnistraining mit Senioren"**, ISBN: 978-3-8346-3764-2
- **„Sommer. Themenheft Gedächtnistraining mit Senioren"**, ISBN: 978-3-8346-3765-9
- **„Herbst. Themenheft Gedächtnistraining mit Senioren"**, ISBN: 978-3-8346-3872-4
- **„Winter. Themenheft Gedächtnistraining mit Senioren"**, ISBN: 978-3-8346-3873-1
- **„Leichter lernen – besser denken"**, ISBN: 978-3-8346-3064-3

Aktivierung to go!

In diesem Karten-Set finden Sie mündlich durchführbare Gedächtnisübungen, die Sie jederzeit schnell und ohne Vorbereitung einsetzen können. Die abwechslungsreichen Übungen sind für Senioren mit und ohne Demenz geeignet und folgenden Kategorien zugeordnet:

- Wortfindung/Wortschatz
- Assoziatives/flexibles Denken
- Wahrnehmung/Konzentration
- Urteilsfähigkeit/Formulieren

Ob in der Einzelbetreuung oder einer Gruppenrunde: Mit diesem Karten-Set in der Kitteltasche haben Sie garantiert immer die richtige Gedächtnisübung dabei!

9 783834 638748

www.verlagruhr.de

Verlag an der Ruhr

Sabine Kelkel

10 Minuten Gedächtnistraining mit Senioren

Karten-Set mit **Übungen** für die **geistige Fitness** in der Altenpflege

Impressum

Titel

10-Minuten-Gedächtnistraining mit Senioren
Karten-Set mit Übungen für die geistige Fitness in der Altenpflege

Autorin

Sabine Kelkel

Titelbildmotiv und Grafiken im Innenteil

Stoppuhr-Icon © mix3r; Zahnrad-Grafik © rdomino; Flipchart-Icon © botond1977 – alle stock.adobe.com

Druck

Druckzone GmbH & Co KG, Cottbus, DE

Verlag an der Ruhr
Mülheim an der Ruhr
www.verlagruhr.de

ISBN 978-3-8346-3874-8

Übersicht der Karten

Wortfindung/Wortschatz

Assoziatives/flexibles Denken

Benutzte Abkürzungen

Teilnehmer TN

Übersicht der Karten

Wahrnehmung/Konzentration

Urteilsfähigkeit/Formulieren

Abc-Übungen

Die TN suchen zu den Buchstaben des Alphabets einen männlichen sowie weiblichen Vornamen, einen Familiennamen und eine deutsche Stadt, z. B. Anton und Agathe Alt aus Aachen, Bernd und Beate Bruch aus Bielefeld, Clemens und Cäcilia Chandoni aus Celle ...

Varianten

1. *Die TN suchen nach dem Abc zuerst weibliche, dann männliche Vornamen, anschließend Familiennamen.*
2. *Berufe nach dem Abc, z. B. Architekt, Bäcker, Cellist ...*
3. *Länder nach dem Abc und eine beliebige Stadt, z. B. Australien – Canberra, Belgien – Brüssel, Costa Rica – San José ...*
4. *Dinge im Haushalt nach dem Abc, z. B. Abfalleimer, Bratpfanne, Champagnerglas ...*
5. *Sport- und Freizeitbeschäftigungen nach dem Abc, z. B. Angeln, Basketball, Camping ...*
6. *Automarken/Automodelle nach dem Abc, z. B. Audi, BMW, Chevrolet ...*
7. *Einsilbige Wörter nach dem Abc, z. B. All, Buch, Chor ...*
8. *Eigenschaften nach dem Abc, z. B. angenehm, brünett, charmant ...*
9. *Eigenschaften im Zusammenhang mit Dingen nach dem Abc suchen, z. B. „Ich habe mir ein neues Kleidungsstück gekauft. Wie sieht es aus?" adrett, braun, champagnerfarben ...*

(10) *Verben nach dem Abc, z. B. angeln, bügeln, chartern …*

(11) *Orte/Plätze für ein Rendezvous nach dem Abc, z. B. Aussichtsturm, Baumhaus, Cha-Cha-Cha-Tanzkurs …*

(12) *Bekannte Personen nach dem Abc. Entweder beginnt der Vorname oder Nachname mit dem jeweiligen Abc-Buchstaben, z. B. Albert Einstein oder Konrad Adenauer, Bertolt Brecht, Charles Philip Arthur George oder Maria Callas …*

(13) *Blumen, Pflanzen, Bäume nach dem Abc, z. B. Akelei, Buche, Chicoree …*

(14) *Erde – Luft – Wasser: Wortspiel nach dem Abc. Bei dieser Variante nennen die TN im Wechsel ein Tier, das auf oder in der Erde lebt, in der Luft fliegt oder im Wasser schwimmt, z. B. Ameise, Buchfink, Clownfisch, Dachs, Elster, Forelle …*

TIPP Möchten Sie etwas Bewegung mit ins Spiel bringen, führen Sie die Übung mit einem Ball durch, den sich die TN gegenseitig zuwerfen. Dies erfordert von den TN eine wesentlich höhere Denkflexibilität, da sie nicht vorhersehen können, wann sie an die Reihe kommen.

Buchstaben ergänzen

Die TN suchen Wörter, bei denen die vorgegebenen Buchstaben am Anfang, in der Mitte sowie am Ende stehen.

Beispiel	ele
Mögliche Lösungen	**Ele**ktrizität – Kniege**le**nk – Uku**lele**

1. ter = Ter……, ……ter……, ……ter
   (**Ter**pentin, Win**ter**garten, Ka**ter**)
2. sen = Sen……, ……sen……, ……sen
   (**Sen**dung, Rie**sen**rad, Kis**sen**)
3. ech = Ech……, ……ech……, ……ech
   (**Ech**inacea, B**ech**er, P**ech**)
4. eck = Eck……, ……eck……, ……eck
   (**Eck**stein, B**eck**en, Gest**eck**)
5. ver = Ver……, ……ver……, ……ver
   (**Ver**ein, Reser**ver**ad, Pullo**ver**)
6. eid = Eid……, ……eid……, ……eid
   (**Eid**echse, W**eid**ezaun, Mein**eid**)
7. ege = Ege……, ……ege……, ……ege
   (**Ege**l, Gel**ege**nheit, Geh**ege**)
8. kar = Kar……, ……kar……, ……kar
   (**Kar**ton, Lern**kar**tei, Vi**kar**)

Varianten

① *Die TN suchen Wörter, deren Buchstabenzahl vorgegeben wird, z. B. Wörter mit genau fünf Buchstaben, wie Rosen, Bison, Donau …*

② *Die TN suchen zusammengesetzte Wörter mit vorgegebenen Buchstaben.*

Beispiel	*AL*
Mögliche Lösungen	*Altlasten, Abendland …*

Wortfindung/Wortschatz

Buchstaben ergänzen

1. NR = N............ R............
   (Nichtraucher, Nebenraum ...)
2. SB = S............ B............
   (Sonnenblume, Spielbank ...)
3. NK = N............ K............
   (Nebenkosten, Nachtkonsole ...)
4. DF = D............ F............
   (Drachenflieger, Dachfenster ...)
5. EW = E............ W............
   (Edelweiß, Einliegerwohnung ...)
6. FS = F............ S............
   (Fingerspiele, Fenstersturz ...)
7. GT = G............ T............
   (Gedächtnistraining, Gartenteich ...)
8. LM = L............ M............
   (Löwenmäulchen, Lachmöwe ...)

TIPP Sofern Ihren TN zu der ein oder anderen Aufgabe keine eigene Lösung einfällt, umschreiben Sie eines der vorgegebenen Lösungswörter. Dadurch geben Sie den TN die Möglichkeit, doch noch selbstständig ein passendes Wort zu finden, und regen sie zu weiteren Überlegungen an. Ggf. kann auch das Anschreiben der Buchstaben an eine Tafel oder an einen Flipchart eine Hilfestellung für Ihre TN sein.

Beispiele

- Unter welchem Namen ist die Pflanze Sonnenhut bekannt? *(Echinacea)*
- Wie lautet eine andere Bezeichnung für Schachtel? *(Karton)*

Reimübung

Bei dieser Übung sollen die TN die fehlenden Reimwörter ergänzen. Sie können die Übung vereinfachen, indem Sie das erste Reimwort mitlesen und nur das zweite Wort von den TN ergänzen lassen.

Beispiel Kein Rasen ohne ....,
kein Oktoberfest ohne ....

Lösung Kein Rasen ohne Gras,
kein Oktoberfest ohne Maß.

1. Kein Winter ohne .... (Schnee),
   kein Märchen ohne .... (Fee).
2. Kein Haus ohne .... (Dach),
   kein Schrank ohne .... (Fach).
3. Kein Wein ohne .... (Rebe),
   kein Schirm ohne .... (Strebe).
4. Kein Mensch ohne .... (Nabel),
   kein Elektrogerät ohne .... (Kabel).
5. Kein Sommer ohne .... (Baden),
   kein Bein ohne .... (Waden).
6. Keine Wolle ohne .... (Schaf),
   kein Traum ohne .... (Schlaf).
7. Kein Tisch ohne .... (Platte),
   kein Holzzaun ohne .... (Latte).
8. Kein Reiter ohne .... (Pferd),
   kein Koch ohne .... (Herd).
9. Kein Eimer ohne .... (Henkel),
   kein Schnürschuh ohne .... (Senkel).

HINWEIS Da neben der Wortfindung bei dieser Übung auch die Fantasie und Kreativität trainiert werden, können auch andere Lösungen Ihrer TN richtig sein, als die hier angegebenen.

Reimübung

Variante

Die TN suchen für die Umschreibungen Lösungswörter, die sich reimen.

1. *Eine Farbe reimt sich auf ein Grundnahrungsmittel. (Rot – Brot)*
2. *Ein Kleidungsstück reimt sich auf eine Blume. (Hose – Rose)*
3. *Ein Körperteil reimt sich auf ein Wintersportgerät. (Knie – Ski)*
4. *Ein Spielgerät reimt sich auf ein Fortbewegungsmittel. (Rutsche – Kutsche)*
5. *Ein Küchengerät reimt sich auf ein ehemaliges Arbeitstier. (Herd – Pferd)*
6. *Eine Stoffart reimt sich auf ein großes Gefäß. (Nessel – Kessel)*
7. *Ein Meerestier reimt sich auf einen Einrichtungsgegenstand. (Fisch – Tisch)*
8. *Eine Stadt reimt sich auf eine Energiequelle. (Rom – Strom)*
9. *Eine Kindertagesstätte reimt sich auf körperliche Betätigung. (Hort – Sport)*
10. *Ein Werkzeug reimt sich auf einen Gebäudeteil. (Hammer – Kammer)*
11. *Ein Nadelbaum reimt sich auf einen Behälter. (Tanne – Kanne)*
12. *Ein großer Raum reimt sich auf ein Kleidungsaccessoire. (Saal – Schal)*

Schüttelanagramm

Die TN bringen die Buchstaben in die richtige Reihenfolge, damit ein sinnvolles Wort entsteht. Bei dieser Übung werden Vögel gesucht.

Beispiel BEATU
Lösung Taube

1. SELMA (Amsel)
2. LAMIN (Milan)
3. SPREREB (Sperber)
4. ROSDLES (Drossel)
5. CHINFBUK (Buchfink)
6. OFFDAMPF (Dompfaff)
7. ALUBSEEMI (Blaumeise)
8. NUBTSCHEPT (Buntspecht)
9. TORCHLEHKNE (Rotkehlchen)
10. RAGUHERRIE (Graureiher)

Varianten

① *Die TN bilden aus den nachfolgenden Wörtern neue Wörter, indem sie die Buchstaben in eine andere Reihenfolge bringen.*

Beispiel *KORAN*
Lösung *Orkan*

1. *MAIL* *(Lima)*
2. *LINSE* *(Insel)/(senil)*
3. *SICHT* *(Tisch)*
4. *TALAR* *(Altar)*
5. *EIMER* *(Meier)/(Reime)/(Emire)*
6. *ABEND* *(Bande)*
7. *LADEN* *(Nadel)/(adeln)*
8. *BLASE* *(Salbe)/(Basel)*
9. *EIGNER* *(Regine)/(Reigen)*
10. *STERNE* *(Nester)*

Schüttelanagramm

TIPP Verwenden Sie die vorgegebenen Wörter der Variante für eine Formulierungsübung und lassen Sie Ihre TN entsprechende Sätze bilden.

Beispiel
Auf dem Tisch liegt der Einkaufszettel.

Alternativ können auch alle Wörter dazu benutzt werden, eine Geschichte zu schreiben. Neben dem Formulieren trainieren die Senioren zusätzlich die Fantasie und Kreativität.

② *Die TN bringen die geschüttelten Silben in die richtige Reihenfolge, damit ein sinnvolles Wort entsteht.*

Beispiel *SCHREI – KU – BER – GEL*
Lösung *Kugelschreiber*

1. *KA – RO – LIER – VA – SEN (Rosenkavalier)*
2. *LA – NE – GAR – TER – TEN (Gartenlaterne)*
3. *GE – IN – TEN – PLA – SEK (Insektenplage)*
4. *FEN – SEN – A – HAU – MEI (Ameisenhaufen)*
5. *GEL – KA – EN – NA – VO – RI (Kanarienvogel)*
6. *CHEN – RI – MAN – KU – DA – NEN (Mandarinenkuchen)*
7. *MER – GE – BA – ZIM – WAA – DE (Badezimmerwaage)*
8. *DE – TIV – MEIS – TEK – TER (Meisterdetektiv)*
9. *SE – GEN – RE – BO – PRES – GEN (Regenbogenpresse)*
10. *BLÜ – SOM – HO – TEN – NIG – MER (Sommerblütenhonig)*

Unterbegriffe

Die TN sollen zu den vorgegebenen Oberbegriffen passende Unterbegriffe suchen.

Beispiel	Kräuter
Mögliche Lösungen	Kerbel, Dill, Petersilie ...

1. Schneidewerkzeuge
   (Schere, Messer, Sichel ...)
2. Kinderbuchfiguren
   (Struwwelpeter, Max & Moritz ...)
3. Berühmte Gemälde
   (Mona Lisa, Nachtwache ...)
4. Sehenswürdigkeiten
   (Eiffelturm, Atomium ...)
5. Berühmte Opern
   (Tannhäuser, Tosca, Aida ...)
6. Fußballbegriffe
   (Abseits, Elfmeter, Libero ...)
7. Schlaginstrumente
   (Trommel, Pauke, Xylofon ...)
8. Heimwerkerbedarf
   (Hammer, Zange, Bohrer ...)
9. Kartenspiele
   (Canasta, Skat, Rommé ...)
10. Automarken/-modelle
    (Fiat, BMW, Ford ...)

Varianten

① *Die Unterbegriffe werden vorgelesen, die TN suchen einen passenden Oberbegriff. Je enger der Oberbegriff gefasst wird, desto besser.*

Beispiel	*Hecht, Karpfen, Wels, Forelle*
Lösung	*Süßwasserfische*

Unterbegriffe

1. *Gehen, Weitsprung, Kugelstoßen, Diskus* ***(Leichtathletikdisziplinen)***
2. *Stängel, Wurzel, Kern, Blüte, Rinde* ***(Pflanzenteile)***
3. *Grog, Sangria, Radler, Punsch, Bowle* ***(Mixgetränke)***
4. *Lärche, Föhre, Zirbe, Gemeine Fichte* ***(Kieferngewächse)***
5. *Widder, Skorpion, Krebs, Löwe, Stier* ***(Tierkreiszeichen)***

② *Bei dieser Übung suchen die TN ausschließlich die Namen von bekannten Personen zu vorgegebenen Oberbegriffen.*

Beispiel — *Deutsche Schauspieler*
Mögliche Lösungen — ***Erik Ode, Robert Atzorn, Ottfried Fischer …***

1. *Moderatoren* ***(Thomas Gottschalk, Günther Jauch …)***
2. *Autoren* ***(Thomas Mann, Leo Tolstoi …)***
3. *Dt. Bundeskanzler* ***(G. Schröder, A. Merkel …)***
4. *Erfinder* ***(T. Edison, Justus v. Liebig, A. Nobel, L. da Vinci …)***
5. *Maler* ***(Spitzweg, van Gogh, Picasso …)***
6. *Komponisten* ***(Beethoven, Mozart, Haydn …)***

③ *Die Namen der Personen werden vorgelesen, die TN suchen den passenden Oberbegriff.*

Beispiel — *Johannes, Paul, Benedikt, Pius*
Lösung — ***Namen von Päpsten***

1. *Steffi Graf, Boris Becker, Björn Borg* ***(Tennisspieler)***
2. *Wilhelm Röntgen, Marie Curie, Max Planck* ***(Physiker)***

Synonyme und Gegensätze

Bei dieser Übung suchen die TN sinngleiche Wörter. Es werden Substantive (Hauptwörter) gesucht.

Beispiel — Abgrund
Mögliche Lösungen — Tiefe, Krater, Schlucht ...

1. Abfall (Müll, Unrat, Kehricht, Mist ...)
2. Entsetzen (Horror, Grausen, Schauder ...)
3. Gebiet (Land, Bereich, Areal, Bezirk ...)
4. Kunde (Käufer, Kundschaft, aber auch Nachricht ...)
5. Hoffnung (Zuversicht, Optimismus, Vertrauen ...)
6. Ehrgeiz (Streben, Ambition, Ruhmsucht, Wetteifer ...)
7. Basis (Grundlage, Fundament, Ausgangspunkt ...)
8. Wohnsitz (Zuhause, Behausung, Domizil, Wohnort ...)
9. Zuschuss (Unterstützung, Finanzspritze, Subvention ...)

Varianten

① *Synonyme für Adjektive und Verben suchen:*

1. *kurzfristig (bald, schnell, vorübergehend ...)*
2. *arm (mittellos, bedürftig, unvermögend ...)*
3. *unaufmerksam (abwesend, zerstreut ...)*
4. *wählerisch (verwöhnt, anspruchsvoll ...)*
5. *klein (winzig, minimal, heranwachsend ...)*
6. *lebendig (munter, schwungvoll, aber auch anschaulich, lebhaft ...)*
7. *helfen (beistehen, unterstützen, assistieren ...)*

8. finden (entdecken, aufspüren, orten ...)
9. bändigen (zügeln, zähmen, zurückhalten ...)
10. prahlen (angeben, protzen, aufschneiden ...)
11. öffnen (aufmachen, aufschließen, auftun ...)

(2) Bei dieser Übung suchen die TN das Gegenteil des vorgegebenen Wortes.

Beispiel heiß
Lösung kalt

1. Freund (Feind)
2. Freude (Trauer, Leid)
3. Ruhe (Lärm, Radau)
4. Urlaub (Arbeit)
5. Blüte (Knospe)
6. Flora (Fauna)
7. maskulin (feminin)
8. objektiv (subjektiv)
9. passiv (aktiv)
10. genial (fatal)

(3) Es werden sogenannte „Verstärkungswörter" als Gegensatz gesucht.

Beispiel ohrenbetäubend
Lösung mucksmäuschenstill

1. blutjung (uralt)
2. herzensgut (bitterböse)
3. todlangweilig (hochinteressant)
4. schneeweiß (kohlrabenschwarz)
5. pappsatt (mordshungrig)
6. klatschnass (staubtrocken)
7. hundemüde (mopsfidel)
8. federleicht (bleischwer)
9. eiskalt (brandheiß)
10. windelweich (steinhart)

Volle Schlange

Die TN suchen für den Zwischenraum des Anfangs- und Endbuchstabens jeweils drei Wörter, die mit diesen Buchstaben beginnen bzw. enden.

1. G .... K
   (Gartenbank, Gelenk, Gehstock ...)
2. A .... N
   (Armin, Astern, Aufgaben ...)
3. R .... A
   (Regatta, Riga, Roberta ...)
4. T .... B
   (Taschendieb, Teesieb, Trab ...)
5. E .... N
   (Enten, Erben, Erdbeeren ...)
6. N .... E
   (Nelke, Novelle, Niete ...)
7. B .... T
   (Brot, Braut, Blumenbeet ...)
8. A .... R
   (Altar, Angelschnur, Autor ...)
9. N .... A
   (Niagara, Nevada, Nivea ...)
10. K .... G
   (Krug, Klang, Kirchgang ...)

TIPP Die Anfangsbuchstaben von oben nach unten und die Endbuchstaben von unten nach oben gelesen, ergeben das Wort „Gartenbank". Tauschen Sie diesen Begriff gegen einen beliebig anderen aus, haben Sie schon eine neue Aufgabe für die „Volle Schlange".

Volle Schlange

Varianten

(1) *Die TN suchen für den Zwischenraum des Anfangs- und Endbuchstabens einen Vor- sowie Familiennamen. Dabei beginnt der Vorname mit dem Buchstaben auf der linken Seite, der Familienname endet mit dem Buchstaben auf der rechten Seite. Die TN sollen dabei kreativ werden und ggf. neue Familiennamen erfinden.*

1. *V .... N*
   (Viktor Klein, Verena Grün ...)
2. *O .... E*
   (Otto Kunze, Olga Grube ...)
3. *R .... M*
   (Reiner Praum, Renate Leim ...)
4. *N .... A*
   (Norbert Alba, Nina Porta ...)
5. *A .... N*
   (Armin Stein, Andrea Lehmann ...)
6. *M .... R*
   (Martin Uder, Maria Keller ...)
7. *E .... O*
   (Emil Otto, Erna Toledo ...)
8. *N .... V*
   (Niko Vesuv, Nathalie Oliv ...)

(2) *Alternativ können die TN auch nach Speisen und Getränken suchen, die mit den Buchstaben vorgegebener Begriffe beginnen.*

1. *E ...., S ....*
   (Endiviensalat, Sprudel)
2. *I ...., I ....*
   (Irish Stew, Ingwertee)
3. *S ...., E ....*
   (Schnitzel, Erdbeerbowle)

Neues Wort gesucht

Nennen Sie den TN ein Wort. Die TN sollen den Anfangsbuchstaben des Wortes streichen und stattdessen einen neuen Endbuchstaben hinzufügen. Welche neuen Wörter ergeben sich?

Beispiel	BLIND
Mögliche Lösungen	LINDA, LINDE

1. WAL = ...
   (ALM, ALL, ALE, ALU, ALF, ALT, ALS)
2. PHASE = ...
   (HASEL, HASEN)
3. FREI = ...
   (REIS, REIM, REIF)
4. HELMA = ...
   (ELMAR, ELMAU)
5. BLAU = ...
   (LAUB, LAUS, LAUF, LAUT)
6. KUH = ...
   (UHR, UHU)
7. GRAU = ...
   (RAUM, RAUB, RAUS, RAUF)
8. RANGE = ...
   (ANGEL, ANGER)

Variante

Die TN sollen mit den vorgegebenen Buchstaben neue Wörter bilden, indem sie die Buchstaben durch weitere Buchstaben am Anfang und am Ende ergänzen. Die TN suchen mindestens drei Wörter.

Beispiel	*SEL*
Mögliche Lösungen	*GISELA, MOSELTAL, REISELUST ...*

Neues Wort gesucht

1. *INT =* ……………………………
   (WINTER, LEINTUCH, RHEINTAL …)
2. *OGE =* ……………………………
   (DROGEN, MOGELN, DROGERIE …)
3. *ERL =* ……………………………
   (VERLAG, BERLIN, TIERLIEBE …)
4. *UME =* ……………………………
   (BLUMENTOPF, KRUMEN, DOKUMENT …)
5. *STO =* ……………………………
   (PASTOR, SCHADSTOFF, HEFESTOLLEN …)
6. *MEL =* ……………………………
   (SCHIMMELPILZ, FALSCHMELDUNG, HAMMELFLEISCH …)
7. *FEL =* ……………………………
   (SCHAUFELBAGGER, GIPFELKREUZ, TAFELBERG …)
8. *LIN =* ……………………………
   (SCHLINGEL, BLINKER, KLINKER …)
9. *NDE =* ……………………………
   (BINDEHAUT, KINDER, RONDELL …)

TIPP Verwenden Sie die vorgegebenen Buchstaben der Variante für eine Formulierungsübung und lassen Sie Ihre TN entsprechende Sätze bilden.

Beispiele

INT: Irene nascht Trauben.
OGE: Olga geht einkaufen.
ERL: Erwin ruft Liane.

Assoziieren

„Assoziieren" bedeutet so viel wie „verknüpfen", „verbinden". Die TN sollen zu vorgegebenen Adjektiven (Eigenschaftswörtern) passende Begriffe finden.

Beispiel	alt
Mögliche Lösungen	Mensch, Zeitung, Auto ...

1. salzig (Hering, Meerwasser, Salzstangen ...)
2. bequem (Kleidung, Couch, Schuhe ...)
3. offen (Flasche, Tür, Rechnung ...)
4. flach (Teller, Wassertiefe, Dach ...)
5. elastisch (Gummi, Hosenbund, Schlauch ...)
6. trüb (Aussichten, Wasser, Augenlicht ...)
7. riesig (Appetit, Berg, Hochhaus ...)

Varianten

① *Die TN suchen Tiere, die gar keine sind.*

Beispiel	*Spinne*
Mögliche Lösungen	*Wäschespinne, spinnefeind*

1. *Löwe (Löwenzahn, Salonlöwe, Partylöwe ...)*
2. *Wal (Walnuss, Walhalla, Walküre ...)*
3. *Bär (Gummibär, Teddybär, Bärlauch ...)*
4. *Kuh (Blinde Kuh, Kuhkaff, Kuhhandel ...)*
5. *Hund (Hundsveilchen, Hundstage, hundeelend ...)*
6. *Fisch (Backfisch [junges Mädchen], Fischgrätmuster ...)*
7. *Tiger (Tigerbalsam, Tigerauge [Edelstein] ...)*
8. *Hirsch (Platzhirsch, Hirschhornsalz ...)*

Assoziieren

(2) *Die TN suchen zu vorgegebenen Farben passende Begriffe.*

Beispiel	*weiß*
Mögliche Lösungen	*Schnee, Margerite, Perle*

1. *rot (Mohnblume, Feuerwehr, Tomate ...)*
2. *grün (Gras, Gurke, Frosch ...)*
3. *gelb (Zitrone, Sonne, Eigelb ...)*
4. *orange (Sonnenuntergang, Apfelsine, Warnweste ...)*
5. *blau (Veilchen, Enzian, Meer ...)*
6. *lila (Milka, Amethyst, Lavendel ...)*
7. *braun (Erde, Schuhcreme, Kartoffelschale ...)*
8. *schwarz (Schornsteinfeger, Kohle, Talar ...)*
9. *rosa/pink (Babykleidung, rosaroter Panther, Flamingo ...)*

(3) *Hindenken auf einen Begriff: Drei Wörter haben ein gemeinsames Bezugswort, das die TN herausfinden sollen.*

Beispiel	*Brief, Chef, Zylinder*
Mögliche Lösung	*Kopf*

1. *Zug, Feld, Bauer (Schach)*
2. *Ohr, Werkzeug, Auktion (Hammer)*
3. *Fluss, Nagel, Himmel (Bett)*
4. *Zigarette, Kaffee, Fotografie (Filter)*
5. *Schuhcreme, Märchen, Muppet Show (Frosch)*
6. *Atem, Schach, Straße (Zug)*
7. *Rapunzel, Babylon, Schwimmbad (Turm)*
8. *Lächeln, wertvoll, Louvre (Mona Lisa)*
9. *Tankstelle, Roman, Perle (Muschel)*

Füllwörter

Die TN suchen Wörter, die in die Mitte passen, sodass zwei neue, sinnvoll zusammengesetzte Wörter entstehen. Wenn es sprachlich erforderlich ist, dürfen Buchstaben hinzugefügt oder weggelassen werden.

Beispiel Block-..................-kaffee
Lösung Blockmalz/Malzkaffee

1. Dach-..................-schlauch
   (Dachgarten/Gartenschlauch)
2. Ehren-..................-stube
   (Ehrengast/Gaststube)
3. April-..................-lage
   (Aprilwetter/Wetterlage)
4. Waren-..................-bar
   (Warenhaus/Hausbar)
5. Pulver-..................-satz
   (Pulverkaffee/Kaffeesatz)
6. Regen-..................-mann
   (Regenwasser/Wassermann)
7. Morgen-..................-zunge
   (Morgenland/Landzunge)

Variante

Die TN füllen in jeder Zeile die Lücke so aus, dass sich zwei Frauennamen ergeben.

Beispiel *Anne-..................-marie*
Lösung *Annerose/Rosemarie*

1. *An-..................-rstin*
   (Anke/Kerstin)

2. *Kar-…………-ura*
   (Karla/Laura)
3. *Mart-…………-nna*
   (Martha/Hanna)
4. *Ro-…………-ra*
   (Rosa/Sara)
5. *The-…………-udia*
   (Thekla/Klaudia)
6. *Al-…………-rie*
   (Alma/Marie)
7. *Mar-…………-el*
   (Margret/Gretel)
8. *Ri-…………-nja*
   (Rita/Tanja)
9. *Ur-…………-ma*
   (Ursel/Selma)

TIPP Nennen Sie den TN die Anfangssilbe eines Männernamens, den diese dann zu einem vollständigen Namen ergänzen, wie z. B. Diet ………… = Diet**mar**. Mit der ergänzten Silbe bilden die TN wiederholt einen neuen Männernamen, wie z. B. **Mar**kus oder **Mar**tin. Alternativ kann auch ein Frauenname gesucht werden, wie z. B. **Mar**lene oder **Mar**liese.

Beispiele

- Ro-**man/Man**-fred
- Gott-**fried/Fried**-rich
- Adal-**bert/Bert**-hold
- Lot-**har/Har**-ald
- Diet-**rich/Rich**-ard

Körperteile und Zahlwörter gesucht

Es gibt viele Wörter, die sich aus einem Körperteil bzw. Organ und einem anderen Wort zusammensetzen, wie z. B. Armlehne, Schlitzohr.
Bei dieser Übung suchen die TN die zu den Wörtern passenden Körperteile bzw. Organe.

Beispiel ....-lutscher
Lösung Daumenlutscher

1. ....-schlag
(Herz-, Puls-/Gehirnschlag)
2. ....-bruch
(Bein-, Nabel-/Armbruch)
3. ....-gürtel
(Schultergürtel)
4. ....-flügel
(Nasen-/Lungenflügel)
5. ....-bett
(Nagel-/Fußbett)
6. ....-stein
(Nieren-/Gallenstein)
7. ....-lehne
(Rücken-/Armlehne)
8. ....-pilz
(Fuß-/Nagelpilz)

Variante

Die TN suchen zu den vorgegebenen Wortteilen eine passende Zahl. Es müssen Zahlen von 1 bis 11 eingesetzt werden.

Beispiel ....-tagerennen
Lösung Sechstagerennen

Körperteile und Zahlwörter gesucht

1. ....-ung
   (*Achtung*)
2. ....-eitig
   (*einseitig*)
3. ....-brücken
   (*Zweibrücken*)
4. ....-kirchen
   (*Neunkirchen*)
5. ....-schläfer
   (*Siebenschläfer*)
6. ....-fel
   (*Zweifel*)
7. ....-meter
   (*Elfmeter*)
8. Re-............................
   (*Revier*)
9. ....-rad
   (*Dreirad*)
10. ....-Uhr-Tee
   (*Fünf-Uhr-Tee*)

TIPP Regen Sie die TN zum Nachdenken an, indem Sie einzelne Begriffe aufgreifen und Fragen an die TN stellen.

Beispiele

- Welche Begriffe außer „Elfmeter" kennen Sie noch, die mit Fußball zu tun haben? (Abseits, Libero, Eckball ...)
- Was sagt eine Bauernregel zum Siebenschläfer? (dass sich am 27. Juni entscheidet, wie das Wetter der nächsten sieben Wochen wird)

Berühmte Paare und Beinamen gesucht

Es gibt viele berühmte Paare, die die TN aus Märchen, Sagen, Büchern, Comics, aus Film und Fernsehen kennen. Geben Sie den TN den Namen einer berühmten Person/Figur vor, diese ergänzen das entsprechende Gegenstück.

1. Bonnie und Clyde
2. Bud Spencer und Terence Hill
3. Don Camillo und Peppone
4. Fred Astaire und Ginger Rogers
5. Gretchen und Faust
6. Napoleon und Josephine
7. Petrus und Paulus
8. Samson und Delilah
9. Tom Sawyer und Huckleberry Finn
10. Daisy und Donald Duck
11. Paola und Kurt Felix
12. Rosa Luxemburg und Karl Liebknecht
13. Siegfried und Roy
14. Thelma und Louise
15. Sissi und Franz Josef
16. Rhett Butler und Scarlett O'Hara
17. Wum und Wendelin
18. Porgy and Bess
19. Othello und Desdemona
20. Grace Kelly und Fürst Rainier von Monaco

TIPP Lassen Sie die TN nach weiteren Paaren suchen. Diese Übung eignet sich auch gut als kleines Wettspiel. Welche Gruppe hat die meisten Paare ohne Doppelnennungen gefunden?

Berühmte Paare und Beinamen gesucht

Variante

Es gibt viele prominente Personen, die einen sogenannten Beinamen haben, wie z. B. Lady Diana = „Königin der Herzen". Die TN sollen anhand des Beinamens herausfinden, welche Person gesucht wird. Alternativ kann auch der Name der Person vorgegeben werden und die TN suchen den Beinamen.

1. *Aristoteles Onassis = „Tankerkönig"*
2. *Beatles = „Die Pilzköpfe"*
3. *Ilse Werner = „Frau mit Pfiff"*
4. *Mireille Mathieu = „Spatz von Avignon"*
5. *Ludwig der XIV. = „Sonnenkönig"*
6. *Mutter Teresa = „Engel der Armen"*
7. *Gisela Schlüter = „Die Quasselstrippe"*
8. *Helmut Kohl = „Birne"*
9. *Hieronymus Carl Friedrich von Münchhausen = „Der Lügenbaron"*
10. *Gerd Müller = „Bomber der Nation"*
11. *Otto von Bismarck = „Der eiserne Kanzler"*
12. *Helmut Schön = „Mann mit der Mütze"*
13. *Edith Piaf = „Spatz von Paris"*
14. *Emil Zátopek = „Die tschechische Lokomotive"*
15. *Hans Albers = „Der blonde Hans"*
16. *Barbarossa = „Kaiser Rotbart"*
17. *Helmut Zacharias = „Zaubergeiger"*
18. *Franziska van Almsick = „Goldfisch"*
19. *Friedrich Ludwig Jahn = „Der Turnvater"*
20. *Hermann Löns = „Heidedichter"*

Buchstaben austauschen

Die TN sollen anhand der Umschreibungen herausfinden, welche Wörter gesucht sind. Um das zweite Lösungswort zu finden, müssen die TN jeweils einen Buchstaben des ersten Lösungswortes an beliebiger Stelle austauschen.

Beispiel Ein literarisches Werk wird zum fließenden Gewässer.

Lösung Buch = Bach

1. Ein Himmelskörper wird zu einem Teil des Kopfes. (Stern = Stirn, Mond = Mund)
2. Ein Körperorgan wird zu einem deutschen Mittelgebirge. (Herz = Harz)
3. Ein Küchengerät wird zur Sitzgelegenheit. (Kessel = Sessel)
4. Ein Tier wird zu einem Kleidungsstück. (Hase = Hose)
5. Ein Planet wird zu einem Männernamen. (Mars = Lars)
6. Ein anderes Wort für „Essen" wird zu einer Backzutat. (Mahl = Mehl)
7. Ein Lichtspielhaus wird zu einer Gewichtseinheit. (Kino = Kilo)
8. Ein Trinkgefäß wird zu einer Pflanze. (Glas = Gras)
9. Ein Gebäude wird zu einem Nagetier. (Haus = Maus)
10. Das Gegenteil von „stark" wird zur Schande. (schwach = Schmach)
11. Ein Schalentier wird zu einem anderen Wort für „Zahl/Ziffer". (Hummer = Nummer)

Buchstaben austauschen

Varianten

① *Sie geben den TN unterschiedliche Wörter vor. Die TN überlegen, welche neuen Wörter sie bilden können, wenn an beliebiger Stelle* ***ein Buchstabe ausgetauscht*** *wird.*

Beispiel Mars
Lösungen Mais, Lars, Mark, Marl

1. Mahl (Mehl, Wahl, Zahl)
2. Wille (Wolle, Pille, Rille)
3. Hiebe (Liebe, Siebe, Diebe)
4. Wange (Wanne, Wanze, Zange)
5. Nadel (Nabel, Nudel)
6. Farm (Darm, warm, Farn)
7. Dose (Rose, Hose, Dost, Düse, Lose)

② *Sie geben den TN unterschiedliche Wörter vor. Die TN überlegen, welche neuen Wörter sie bilden können, wenn sie an beliebiger Stelle einen Buchstaben hinzufügen.*

Beispiel Uhr
Lösung Ruhr

1. Assel (Kassel, Rassel)
2. Osten (Ostern, Posten, Kosten)
3. Rot (Rost, Brot)
4. Reue (Treue, Revue, Reuse)
5. Eule (Beule, Keule)
6. Elle (Ellen, Welle, Kelle, Pelle)
7. Erle (Perle, Kerle)
8. Reis (Reise, Preis, Kreis, Greis)
9. Saat (Staat, Salat)
10. Hafen (Harfen, Haufen)

Wortpaare gesucht

Die TN sollen anhand der Umschreibungen herausfinden, welche Wortpaare gesucht werden.

Beispiel verformen und entzweireißen
Lösung biegen und brechen

1. zwei zarte Gewebe (Samt und Seide)
2. Brise und Klima (Wind und Wetter)
3. nach oben und nach unten (auf und ab oder rauf und runter)
4. zuerst in die eine, dann in die andere Richtung (hin und her)
5. Schein und Herrlichkeit (Glanz und Gloria)
6. Gebäude mit Gut (Haus und Hof)
7. Nachkomme und geometrische Figur (Kind und Kegel)
8. Herr und Nagetier (Mann und Maus)
9. zwei unterschiedliche Metallstifte (Niet und Nagel)
10. Ozon und Erotik (Luft und Liebe)
11. Schlag- und Blasinstrumente (Pauken und Trompeten)
12. Verpackung und Ausmaß (Hülle und Fülle)
13. Zutaten zur Bierherstellung (Hopfen und Malz)
14. Baumaterial und Körperteil (Stein und Bein)
15. Klang und Qualm (Schall und Rauch)
16. Beifall und Lärm (Jubel und Trubel)
17. Linie und Nähzubehör (Strich und Faden)
18. Vergnügen und Stimmung (Lust und Laune)
19. Toxin und Organ (Gift und Galle)
20. zwei Obstsorten (Äpfel und Birnen)

Wortpaare gesucht

Variante

Lesen Sie den Text mit dem ersten Wort des Wortpaares vor und lassen Sie die TN das zweite Wort ergänzen.

*Ich bin heute nicht hier, um Sie **recht und** .... (schlecht) zu unterhalten, sondern um Ihre grauen Zellen in Schwung zu bringen. Auch wenn Sie vielleicht noch nicht **Feuer und** .... (Flamme) sind, ich habe auf jeden Fall **Himmel und** .... (Hölle) in Bewegung gesetzt, diese Stunde möglichst kurzweilig zu gestalten. Sie werden schnell merken, dass ich beim Gedächtnistraining mit **Leib und** .... (Seele) dabei bin.*

*Sicherlich kennen Sie das: Sie suchen Ihre Brille oder Ihren Schlüssel und laufen dabei ohne **Rast und** .... (Ruh) **hin und** .... (her), über **Stock und** .... (Stein), suchen **hüben und** .... (drüben) und machen dabei **Land und** .... (Leute) verrückt. Und auch Namen sind oftmals wie **Schall und** .... (Rauch), sie wollen Ihnen einfach nicht einfallen oder die Gedanken gehen **drunter und** .... (drüber) und fliegen **kreuz und** .... (quer) umher.*

*Leider kann ich Sie weder mit **Speis und** .... (Trank) noch mit **Kraut und** .... (Rüben) verwöhnen, doch dafür werde ich Ihnen gleich interessante Übungen in **Hülle und** .... (Fülle) anbieten, die Sie nach **Lust und** .... (Laune) ausprobieren können.*

*Und wenn Sie am Ende der Stunde auch möglicherweise **fix und** .... (fertig) sind, werden Sie dennoch festgestellt haben, dass bei Ihnen noch lange nicht **Hopfen und** .... (Malz) verloren ist.*

Sprichwörter/Redewendungen

Stellen Sie den TN Fragen zu Sprichwörtern/Redewendungen. Die TN geben die entsprechende Antwort.

Beispiel Wer lässt das Mausen nicht?
Lösung Die Katze lässt das Mausen nicht.

1. Was geht über Studieren?
   (Probieren geht über Studieren.)
2. Wer beißt nicht?
   (Hunde, die bellen, beißen nicht.)
3. Was folgt auf Regen?
   (Auf Regen folgt Sonnenschein.)
4. Wer hat Gold im Mund?
   (Morgenstund hat Gold im Mund.)
5. Wer geht zum Brunnen?
   (Der Krug geht so lange zum Brunnen, bis er bricht.)

Varianten

① *Nennen Sie den Anfang eines Sprichwortes und lassen Sie die TN das **Ende** ergänzen.*

Beispiel Besser arm und gesund ...
Lösung ... als reich und krank.

1. *Ein gutes Gewissen ... (ist ein sanftes Ruhekissen).*
2. *In der Kürze ... (liegt die Würze).*
3. *Wer den Schaden hat ... (braucht für den Spott nicht zu sorgen).*
4. *Der Apfel fällt ... (nicht weit vom Stamm).*
5. *Jung gefreit ... (hat nie gereut).*
6. *Die Sonne ... (bringt es an den Tag).*
7. *Viele Köche ... (verderben den Brei).*
8. *Lügen ... (haben kurze Beine).*

Sprichwörter/Redewendungen

② *Sie nennen das Ende eines Sprichwortes, die TN ergänzen den **Anfang**.*

Beispiel ... kein Preis.
Lösung Ohne Fleiß ...

1. ... kommt darin um.
   (Wer sich in Gefahr begibt ...)
2. ... ihre Schatten voraus.
   (Große Ereignisse werfen ...)
3. ... des Lied ich sing.
   (Wes Brot ich ess ...)
4. ... so schallt es heraus.
   (Wie man in den Wald hineinruft ...)
5. ... nur die Wurst hat zwei.
   (Alles hat ein Ende ...)

③ *Sie geben zwei Wörter vor, die TN nennen das ganze Sprichwort.*

Beispiel Dinge – drei
Lösung Aller guten Dinge sind drei.

1. Doppelt – besser
   (Doppelt genäht hält besser.)
2. Zwei – Dritte
   (Wenn zwei sich streiten, freut sich der Dritte.)
3. Esel – Eis
   (Wenn es dem Esel zu wohl wird, geht er aufs Eis.)
4. Spatz – Dach
   (Lieber den Spatz in der Hand, als die Taube auf dem Dach.)
5. Denkt – lenkt
   (Der Mensch denkt, Gott lenkt.)

Wortspielereien

Sie geben den TN einen Anfangsbuchstaben vor, z. B. „B". Reihum fügt jeder TN einen Buchstaben hinzu. Aufgabe der TN ist es, am Ende einer Runde ein sinnvolles Wort zu bilden, ohne zu wissen, an welche Wörter die vorherigen TN denken.

Beispiel Der TN nach Ihnen denkt bei „B" an das Wort „Bergwanderung" und fügt ein „E" hinzu. Der nächste TN hat das Wort „Bescherung" im Kopf und nennt deshalb ein „S".

HINWEIS Da sich die TN die einzelnen Buchstaben merken und gedanklich zusammenfügen müssen, erfordert diese Übung eine hohe Konzentration. Darüber hinaus trainiert sie das bildhafte Vorstellungsvermögen.

Varianten

1. *Anstelle eines Buchstabens fügt jeder TN reihum ein Wort hinzu. Aufgabe der TN ist es, am Ende einer Runde einen sinnvollen Satz zu bilden. Außerdem können die TN auch Satzzeichen an entsprechender Stelle nennen, damit der nachfolgende TN weiß, wie er den Satz fortführen kann.*

TIPP Sie können bei diesem Spiel gemeinsam einfache Sätze bilden oder aber auch eine Geschichte erfinden.

2 *Aufgabe der TN ist es, aus einem vorgegebenen Wort einen Satz zu bilden.*

Beispiel KUNST
Lösung *Karl und Nora spielen Tischtennis.*

3 *Die TN prägen sich ein vorgegebenes Wort samt den darunterstehenden Zahlen ein. Anschließend sollen sie anhand vorgegebener Zahlenkombinationen herausfinden, welches Wort gesucht ist.*

Beispielwort	R O S E N G A R T E N
	1 2 3 4 5 6 7 8 9 10 11
Beispiel 1	2 3 9 10 11
Lösung 1	O S T E N
Beispiel 2	3 4 5 9 7
Lösung 2	S E N T A

4 *Für dieses Spiel benötigen Sie für jeden TN ein nummeriertes Tastsäckchen, jeweils einen Holz- oder Plastikbuchstaben zum Befüllen des Säckchens sowie Stift und Papier. Aufgabe der TN ist es, nur durch das Ertasten herauszufinden, welche Buchstaben sich in den einzelnen Säckchen befinden, und das Ergebnis entsprechend zu notieren. Hierzu achten die TN darauf, welche Zahl auf ihrem Säckchen steht.*

TIPP Sie können die Buchstaben so an die TN verteilen, dass alle Buchstaben zusammen ein Wort ergeben. Dazu müssen die TN ihre Buchstaben zunächst richtig ertasten und danach gemeinsam das gesuchte Wort gedanklich zusammensetzen.

Zahlenspielereien

Erklären Sie den TN vor Spielbeginn, dass sich die Quersumme einer Zahl aus deren einzelnen Zahlen ergibt, z. B. bei der Zahl **25 ist die Quersumme 7 (2 + 5)**. Erfahrungsgemäß haben viele TN bei der Bildung der Quersumme Probleme, auch wenn es sich vermeintlich einfach anhört. Geben Sie ruhig einige Beispiele vor und lassen Sie sich die Quersummen nennen. Es wird reihum gespielt. Geben Sie Ihrem rechten Sitznachbarn eine zweistellige Zahl vor, z. B. 12. Dieser ermittelt zuerst die Quersumme und addiert sie zur vorgegebenen Zahl hinzu. Nachdem er sein Ergebnis genannt hat, macht der nächste Spieler weiter.

Beispiel 12

Lösung Die Quersumme von 12 (1 + 2) ist 3.
12 + 3 = 15
Die Quersumme von 15 (1 + 5) ist 6.
15 + 6 = 21 usw.

Spielen Sie, je nach Leistungsfähigkeit der TN, ein oder mehrere Runden und lassen Sie die TN dann rückwärtsrechnen.

Beispiel 21

Lösung Die Quersumme von 21 (2 + 1) ist 3.
21 - 3 = 18
Die Quersumme von 18 (1 + 8) ist 9.
18 - 9 = 9

Varianten

1. *Nennen Sie den TN eine Zahl aus dem Einmaleins, z. B. 3. Nun wird reihum von 1 hochgezählt. Der TN, der an der Reihe ist, nennt jeweils die nächsthöhere Zahl. Immer dann, wenn sich eine Zahl durch 3 teilen lässt, nennt der TN nicht die Zahl, sondern sagt „Fit im Kopf".*

Beispiel *1 – 2 – Fit im Kopf – 4 – 5 – Fit im Kopf – 7 – 8 – Fit im Kopf usw.*

TIPP Je nach Leistungsfähigkeit der TN können Sie das Spiel bei 30 (3er-Einmaleins) beenden oder bis 100 durchzählen.

2. *Noch schwieriger wird es, wenn die TN zusätzlich „Fit im Kopf" sagen sollen, wenn die vorgegebene Zahl auch in der genannten Zahl vorkommt, wie z. B. 13, 23 (beim 3er-Einmaleins). Ist ein TN bei 30 angekommen, sagt der nächste TN bei dieser Variante jedoch direkt „40", um zu vermeiden, dass 10-mal hintereinander „Fit im Kopf" gesagt wird.*

3. *Bei dieser Übung sind alle Rechenarten (+, -, x und :) erlaubt, sofern es die Aufgabe zulässt. Gespielt wird wieder reihum. Geben Sie Ihrem rechten Sitznachbarn z. B. die Rechenaufgabe 15 + 16 = ? vor. Dieser nennt das Ergebnis = 31 und gibt seinem Sitznachbarn eine weitere Aufgabe vor, z. B. 31 x 2 = ? usw.*
Nach ein oder zwei Runden können Sie die TN dazu auffordern, das letzte Ergebnis reihum wieder bis zur 0 runterzurechnen.

TIPP Die Übung wird mit einem Ball gespielt, den sich die TN gegenseitig zuwerfen. Dadurch kommt zusätzlich etwas Bewegung ins Spiel.

Abc-Suche

Die TN suchen der Reihe nach die Buchstaben des Alphabets von A bis Z sowie von Z bis A. Wenn möglich, sollen sie dabei keine Hilfsmittel verwenden, sondern nur mit den Augen suchen.

B	J	Z	S	L	G
	U	D	X		O
M		Q	I		W
Y	F			A	
P		T	K		N
H	C		V	R	E

Varianten

① *Die TN suchen der Reihe nach die Buchstaben des Alphabets. Wenn möglich, sollen sie dabei keine Hilfsmittel verwenden, sondern nur mit den Augen suchen. Welche Buchstaben kommen doppelt vor?*

Lösung (A – I – N – T)

K	S		H	V	C	N
	B	X	Q		T	A
I			M	W		E
O		F	Z		I	
T	J		U	A	Y	P
D		N	L	R		G

Abc-Suche

(2) *Die TN suchen der Reihe nach die Buchstaben des Alphabets. Wenn möglich, sollen sie dabei keine Hilfsmittel verwenden, sondern nur mit den Augen suchen. Welche Buchstaben fehlen?*

Lösung (D – J – O – W)

C		I		E	R
X	Q		M		U
K		A			G
	S		P		Y
F		V		B	
Z	N	L		T	H

(3) *Die TN sollen herausfinden, wie oft sich das Wort „Rose" im Buchstabenkasten befindet. Das Wort kann vorwärts, rückwärts, senkrecht, waagerecht und diagonal geschrieben sein.*

Lösung 10-mal

R			E	S	O	R
E	O	R	O	S	E	
S	E	S	O	R		E
O	S		E	O		S
R	O	R	O	S	E	O
	R	O	S	E		R

Zahlen-Suche

Die TN suchen der Reihe nach die Zahlen von 1 bis 25. Wenn möglich, sollen sie dabei keine Hilfsmittel verwenden, sondern nur mit den Augen suchen.

3		11	21	7	14
	18		16	24	
9	22	5			1
13		25	8		19
	2		17	23	12
6	20	15	10		4

Varianten

① *Die TN suchen der Reihe nach die Zahlen von 1 bis 25. Wenn möglich, sollen sie dabei keine Hilfsmittel verwenden, sondern nur mit den Augen suchen. Welche Zahlen kommen doppelt vor?*

<u>Lösung</u> (5 – 12 – 18 – 24)

7	24	3	14	9		5
	12			22	11	
1		25	15	6		18
23	17	10	19		13	
5	21			2		20
12		8	16	18	24	4

Zahlen-Suche

(2) *Die TN suchen der Reihe nach Zahlen, die sich durch 3 dividieren lassen. Dabei sollen sie mit der kleinsten, teilbaren Zahl beginnen. Wenn möglich, sollen sie dabei keine Hilfsmittel verwenden, sondern mit den Augen suchen.*

Lösung 6 – 18 – 27 – 39 – 48 – 57 – 72 – 93

65	6		93		85
		17			27
5	57		23	72	
17		39			32
	26			41	
48			53		18

(3) *Die TN suchen der Reihe nach Zahlen, die sich gleichzeitig durch 4 und 6 dividieren lassen. Dabei sollen sie mit der kleinsten teilbaren Zahl beginnen. Wenn möglich, sollen sie dabei keine Hilfsmittel verwenden, sondern nur mit den Augen suchen.*

Lösung 12 – 36 – 60 – 72 – 96 – 108

8		76		64	72
	36		18		
					78
42		96		12	
	54				
60			108		28

Buchstabieren

Die TN sollen vorgegebene Wörter rückwärts buchstabieren. Neben der Konzentration wird auch das bildhafte Vorstellen trainiert.

TIPP Lassen Sie die TN ein Wort zum Buchstabieren überlegen, welches sie dann reihum ihrem Nachbarn oder ihrer Nachbarin vorgeben. Beginnen Sie zuerst mit einfachen Wörtern bis max. sieben Buchstaben und lassen Sie dann, je nach Leistungsfähigkeit der TN, zusammengesetzte Wörter buchstabieren.

Beispielwörter mit sieben Buchstaben

Akazien, Bankier, Daniela, Eieruhr, Flieger, Inserat, Ginster, Haustür, Balance, Reblaus ...

Beispiele mit zusammengesetzten Wörtern

Regenschirm, Sonnenschein, Wintergarten ...

Varianten

1. *Es wird reihum gespielt. Die TN buchstabieren gemeinsam ein vorgegebenes Wort rückwärts. Dazu nennt jeder den passenden Buchstaben.*

2. *Es wird reihum gespielt. Die TN buchstabieren Wörter anhand ihrer Silben. Je nach Leistungsfähigkeit der TN können die Wörter entweder vorwärts oder rückwärts in Silben buchstabiert werden.*

Beispiele möglicher Wörter

Re-gen-bo-gen-fisch, Scho-ko-la-den-os-ter-ha-se, Ro-sen-mon-tags-um-zugs-wa-gen, Ba-de-zim-mer-re-no-vie-rung ...

Buchstabieren

③ *Üben Sie bei dieser Variante zuerst das Fingertippen mit den TN wie folgt: Die Zeigefinger tippen auf die Daumen, dann tippen die Mittelfinger auf die Daumen, anschließend die Ringfinger auf die Daumen und zum Schluss die kleinen Finger auf die Daumen. Danach geht es wieder zurück, beginnend mit dem Ringfinger, danach folgt das Tippen der Daumen auf den Mittelfinger sowie Zeigefinger.*

Beginnen Sie mit Wörtern, die aus sieben Buchstaben bestehen. Beim Buchstabieren sollten alle TN mitsprechen und gleichzeitig die Finger entsprechend tippen. Sie beginnen mit Daumen/Zeigefinger und enden auch mit diesen.

Je nach Leistungsfähigkeit der TN können Sie auch Wörter mit 13 Buchstaben wählen und gegebenenfalls auch rückwärts buchstabieren lassen.

Beispielwörter mit 13 Buchstaben

Ameisenhaufen, Bienenschwarm, Faschingszeit, Hafeneinfahrt, Insektenplage, Kanarienvogel, Markenzeichen, Schaukelpferd, Traubenzucker, Uhrzeigersinn, Wasserleitung, Zebrastreifen ...

TIPP Auch bei den Varianten 1 und 2 können Sie zusätzlich, je nach Leistungsfähigkeit der TN, Bewegung mit ins Spiel bringen.
So könnte z.B. gleichzeitig beim Buchstabieren ein Ball weitergereicht werden.
Ebenso besteht die Möglichkeit, dass sich die TN einen Ball gegenseitig zuwerfen.

Lesen Sie Ihren TN den nachfolgenden Text langsam vor. Diese haben die Aufgabe, alle Wörter zu zählen, in denen eine „Acht“ vorkommt.

Eine verrückte Achter-Geschichte

Es war an einem Sonntagmorgen als sich Wachtmeister Eugen Kunze auf den Weg machte, seinen Freund Heinz Pracht zu besuchen.
Heinz war Metzgermeister mit eigener Hausschlachtung und immer gut gelaunt.
Doch in der vergangenen Nacht hatte Heinz nicht gut geschlafen und so begrüßte dieser seinen Freund Eugen etwas abwesend. Denn in Gedanken war Heinz immer noch mit seinem vollkommen verrückten Traum beschäftigt. In seinem Traum stand plötzlich ein beachtlicher Achtender-Hirsch auf seiner Dachterrasse, auf dessen Rücken eine Wachtel saß und immer wieder seinen Namen rief. Völlig verdutzt und schlaftrunken zugleich öffnete Heinz im Traum die Terrassentür. Bereits im nächsten Augenblick befand er sich mit den beiden in einer Achterbahn. Noch ehe er aufgebracht protestieren konnte, ging auch schon die rasante Fahrt mitten in tiefschwarzer Nacht los. Die vielen Loopings der Achterbahn machten ihn ganz schwindelig und verursachten bei ihm eine heftige Übelkeit. Während der Achtender-Hirsch und die Wachtel vor Freude jauchzten und lachten, dachte Heinz im Traum: „Na wartet! Sobald wir aussteigen, werde ich euch zwei schlachten und am Sonntag zum Mittagessen verspachteln!“ Er spürte schon, wie ihm das Wasser im Mund zusammenlief und rieb sich voller Vorfreude seine volle Barttracht. Plötzlich gab es einen heftigen Ruck, Heinz fiel aus dem Bett und stellte fest, dass er alles nur geträumt hatte und auf seine beiden Sonntagsbraten verzichten musste.

Gib „Acht“

Kopfschüttelnd rappelte er sich auf und legte sich wieder ins Bett. Ehe er einschlief, hörte er ganz sachte einen Hirsch röhren und den Schlag einer Wachtel.

Lösung Die Zahl Acht kommt 24-mal vor.

HINWEIS In dem Wort „Dachterrasse“ ist die Zahl Acht nicht gleich zu erkennen bzw. herauszuhören. Daher wäre auch eine Antwort von 23-mal als richtig anzusehen. Die „Acht“ in der Überschrift zählt ebenfalls.

Varianten

① *Lesen Sie Ihren TN die Geschichte vor und stellen Sie im Anschluss Fragen zum Text.*

Beispielfragen

1. *Wie heißt Wachtmeister Kunze mit Vornamen? (Eugen)*
2. *Wie heißt sein Freund Heinz mit Familiennamen? (Pracht)*
3. *Welchen Beruf übt Heinz aus? (Metzgermeister)*
4. *Wer stand im Traum auf seiner Dachterrasse? (Achtender-Hirsch mit einer Wachtel auf dem Rücken)*
5. *Was geschah, als Heinz die Terrassentür öffnete? (er befand sich plötzlich in einer Achterbahn)*

② *Bei dieser Variante kommt etwas Bewegung mit ins Spiel: Sobald die TN die Zahl „Acht“ hören, klatschen sie in die Hände und/oder stehen je nach Beweglichkeit von ihrem Platz auf.*

Wort im Wort

In jedem der nachfolgenden Wörter sind weitere Wörter in zusammenhängenden Buchstaben versteckt. Die TN sollen diese Wörter finden.

Beispiel GEDANKEN
Lösung Dank, Anke, Ken (Männerkurzname)

1. SELLERIE (Elle, er, Erie)
2. TRAUBEN (rau, Raub, au, Ben)
3. SCHERBEN (herb, er, Erbe, erben, Ben)
4. ANGELIKA (Angel, Gel)
5. MODERATOR (Mode, Ode, oder, er, Rat, Tor)
6. ARTISCHOCKE (Ar, Art, Tisch, Schock, Hocke)
7. BASTILLE (Bast, As, Ast, Stil, still, Stille, Til)
8. SAUERBRATEN (Sau, au, Aue, er, Rat, Rate)
9. REGENWALD (Re, rege, Regen, Gen, Wal)

Varianten

1. *Die TN bilden aus den Buchstaben der vorgegebenen Wörter möglichst viele neue Wörter. Wurde ein Wort gefunden, dürfen für das nächste Wort wieder alle Buchstaben verwendet werden.*

   Beispiel SELLERIE
   Lösung Lese, Leser, Leere, Rille, Riese, Reise, Erle, Eis, Iller, Ilse, Seele, Serie ...

2. *Erstellen Sie für die TN gut lesbare Buchstabenkarten und breiten Sie z. B. das Wort „SELLERIE" so auf einem Tisch aus, dass das Wort nicht in der richtigen Reihenfolge ausliegt. Aufgabe der TN ist es, das Wort „SELLERIE" richtig zu legen, sodass alle Buchstabenkarten zum Einsatz kommen. Danach sollen die TN neue Wörter aus dem vorgegebenen Begriff bilden.*

Wort im Wort

Das Erstellen der Buchstabenkarten erfordert zwar zusätzliche Arbeit, Sie können sie aber auch immer wieder einsetzen.

3 *Die TN suchen in den nachfolgenden Wörtern jeweils ein Wort, das darin enthalten ist. Die Anfangsbuchstaben der richtigen Wörter ergeben von unten nach oben gelesen ein Lösungswort.*

1. *GENUSSMITTEL (NUSS)*
2. *MODERATOR (ODER)*
3. *FINGER (INGE)*
4. *STANDARD (TAND)*
5. *PAMPELMUSE (AMPEL)*
6. *FREDERIC (REDE)*
7. *ANTONIA (TON)*
8. *KNOTEN (NOTE)*
9. *LIESELOTTE (ESEL)*
10. *EINZAHLUNG (ZAHL)*
11. *EINERZAHL (NERZ)*
12. *ROMAN (OMA)*
13. *ABKOCHUNG (KOCH)*

Lösungswort *Konzentration*

HINWEIS Geben Sie ggf. Ihren TN eine kleine Hilfe, wenn mehrere Antworten möglich sind.

Abc-Quiz

Stellen Sie den TN Fragen aus unterschiedlichen Bereichen. Die Antworten beginnen mit den Buchstaben des Alphabets. Die Übung kann reihum oder im Plenum durchgeführt werden.

1. Was ist ein unverzichtbarer Bestandteil einer Schmiede? Lösung: Amboss
2. Wie lautet ein anderes Wort für Gleichgewicht? Lösung: Balance
3. Wie bezeichnet man eine glasklare, dünne Folie für Verpackungs- und Verschlusszwecke? Lösung: Cellophan
4. Welche deutsche Stadt trägt den Beinamen „Elbflorenz"? Lösung: Dresden
5. Wie heißt der Ehrentitel sowie die Anrede für Kardinäle? Lösung: Eminenz
6. Welche Zeit wird als die 5. Jahreszeit bezeichnet? Lösung: Fastnacht/Fasching
7. Unter welchem Namen ist der Dompfaff noch bekannt? Lösung: Gimpel
8. Wie heißt die nördlichste Stadt Europas? Lösung: Hammerfest
9. Wie nennt man eine Befragung durch einen Reporter? Lösung: Interview
10. Wie heißt der größte Planet des Sonnensystems? Lösung: Jupiter
11. Wie wird ein kastrierter Hahn bezeichnet? Lösung: Kapaun
12. Wie heißt die Hauptstadt von Peru? Lösung: Lima
13. Wie lautet eine andere Bezeichnung für „Karotte"? Lösung: Mohrrübe/Möhre

Abc-Quiz

14. Wie bezeichnet man den ersten Tag eines Jahres? Lösung: Neujahr
15. Wie lautet der letzte Buchstabe des griechischen Alphabets? Lösung: Omega
16. Wie nennt man den Ersatz für Marzipan? Lösung: Persipan
17. Wie nennt man ein Viereck mit vier gleich langen Seiten? Lösung: Quadrat
18. Wie heißt der Edelpilzkäse aus Schafsmilch? Lösung: Roquefort
19. Wer erzählt die Märchen aus „Tausend- undeiner Nacht"? Lösung: Scheherazade
20. Wie heißt eine bekannte Oper von Richard Wagner? Lösung: Tannhäuser
21. Welche Insel ist die zweitgrößte deutsche Insel? Lösung: Usedom
22. Wo befindet sich der Markusplatz? Lösung: Venedig
23. Welches Kraut gehört in eine Maibowle? Lösung: Waldmeister
24. Wie hieß die Gemahlin des Sokrates? Lösung: Xanthippe
25. Wie lautet der Name einer Gewürz- und Heilpflanze? Lösung: Ysop
26. Wie heißt der höchste Berg Deutschlands? Lösung: Zugspitze

Abkürzungen 24

In unserem Sprachgebrauch verwenden wir häufig Abkürzungen. Doch wissen wir auch immer, wie die korrekte Bedeutung einer Abkürzung lautet? Die TN sollen anhand nachfolgender Abkürzungen die korrekte Bedeutung nennen. Anschließend erfinden die TN neue Fantasiesätze für diese Abkürzungen.

Beispiel	BKA
Lösung	Bundeskriminalamt
Beispiel Fantasiesatz	Berta kauft Apfelkuchen.

BAT
(Bundesangestelltentarif)
(Bin am Tegernsee.)

MTA
(Medizinisch-technische Assistentin)
(Maike tanzt ausgelassen.)

3. DLRG
(Deutsche Lebens-Rettungs-Gesellschaft)
(Der Lehrer ruft Gisela.)

4. MEZ
(Mitteleuropäische Zeit)
(Meine ewige Zeitnot.)

5. BSP
(Bruttosozialprodukt)
(Barbara singt pausenlos.)

6. EKG
(Elektrokardiogramm)
(Erwin küsst Gerda.)

7. AGB
(Allgemeine Geschäftsbedingungen)
(Anton geht baden.)

Abkürzungen

8. ADAC
   (Allgemeiner Deutscher Automobil-Club)
   (Agathe denkt an Clemens.)
9. SFB
   (Sender Freies Berlin)
   (Siegmund fährt Bahn.)
10. IOK
    (Internationales Olympisches Komitee)
    (Irene ordert Kakteen.)

Varianten

① *Lesen Sie den TN die Beispiele der vorgegebenen Fantasiesätze vor. Die TN überlegen anhand der Anfangsbuchstaben der Sätze, um welche Abkürzung es sich handelt, und nennen dann deren Bedeutung.*

② *Die TN nennen Abkürzungen, die ihnen bekannt sind, und erklären deren Bedeutung. Anschließend überlegen sie, welche Sätze oder Wörter man mit den einzelnen Buchstaben bilden kann.*

HINWEIS Erfahrungsgemäß nennen die TN bei vielen Abkürzungen bereits Fantasienamen. Lassen Sie diese gelten und überlegen Sie gemeinsam, wie die korrekte Bedeutung lautet. Das Formulieren der Sätze trainiert zusätzlich die Fantasie und Kreativität.

Wer muss raus?

Lesen Sie den TN im Plenum immer fünf Begriffe einer Reihe vor. Aufgabe der TN ist es, herauszufinden, welche Begriffe – mal einer, manchmal aber auch zwei – nicht in die Reihe passen. Der Ausschluss sollte dabei von den TN begründet werden.

Beispiel Venus – Jupiter – Apollo – Neptun – Mars

Lösung Apollo ist kein Planet unseres Sonnensystems, sondern ein Gott in der römischen und griechischen Mythologie.

HINWEIS Erfahrungsgemäß kommen bei dieser Übung von den TN oft andere Ausschlüsse als die in der Lösung angegebenen. Daher kommt es bei dieser Übung nicht so sehr auf die wirklich richtige Antwort an, sondern auf die plausible Erklärung der TN.

1. Maske in Blau – Der Zarewitsch – Die Fledermaus – Nabucco – Die lustige Witwe
   Lösung: Nabucco ist eine Oper, alle anderen sind Operetten.
2. CIS – DOS – FIS – LAS – HIS
   Lösung: DOS und LAS sind keine Tonbezeichnungen.
3. Zwerg – Knirps – Bohnenstange – Dreikäsehoch – Pimpf
   Lösung: Bohnenstange bezeichnet keine kleine Person.
4. Bauchspeicheldrüse – Gallenblase – Herz – Magen – Darm
   Lösung: Das Herz ist kein Verdauungsorgan.

Wer muss raus?

5. Theodor Heuss – Gustav Heinemann – Konrad Adenauer – Walter Scheel – Roman Herzog
   Lösung: Konrad Adenauer war Bundeskanzler, alle anderen waren Bundespräsidenten.

6. Engelsburg – Kolosseum – Pantheon – Prado – Titusbogen
   Lösung: Der Prado ist eines der bedeutendsten Museen der Welt und befindet sich in Madrid, alle anderen Bauwerke befinden sich in Rom.

7. Seidelbast – Berberitze – Haselnuss – Liguster – Salweide
   Lösung: Seidelbast und Liguster sind giftig.

8. Edel - Pils – Export – Kölsch – Lager – Import
   Lösung: Import ist keine Biersorte.

9. Bratwurst – Semmelknödel – Lasagne – Eisbein – Sauerkraut
   Lösung: Lasagne ist ein italienisches Gericht, alle anderen sind typisch deutsche Gerichte.

10. LKA – BDI – HRO – EU – BGS
    Lösung: HRO ist das Kfz-Kennzeichen der Hansestadt Rostock, alle anderen sind Abkürzungen von Institutionen: Landeskriminalamt – Bundesverband der Deutschen Industrie e.V. – Europäische Union – Bundesgrenzschutz

Begriffe erklären

Bei dieser Übung geht es darum, zusammengesetzte Wörter anhand von Umschreibungen zu erklären, ohne vom eigentlichen Wort zu viel zu verraten. Schreiben Sie entweder die vorgegebenen Wörter auf eine Karte und verteilen diese an Ihre TN oder bitten Sie sie, sich ein zusammengesetztes Wort zu überlegen, das sie der Gruppe umschreiben.

Beispiel Schlossgespenst

Lösung „Der erste Teil meines Wortes beschreibt ein herrschaftliches, prunkvolles Gebäude. Der zweite Teil meines Wortes spukt evtl. um Mitternacht in diesem Gebäude."

HINWEIS Achten Sie darauf, dass die TN nicht das ganze Wort umschreiben, sondern die Wortteile nacheinander erklären.

Mögliche Wörter

Nelkenpfeffer, Kurpfuscher, Glücksritter, Angoraziege, Angstschweiß, Gaumenfreude, Trödelmarkt, Stuhlkissen, Veilchenhochzeit, Kerngehäuse, Olympiaflagge, Dickschädel, Hutschachtel, Studentenfutter, Paradekissen ...

TIPP Greifen Sie einige der Wörter auf und lassen Sie die TN deren Bedeutung erklären.

Beispiel

Glücksritter bezeichnet einen leichtsinnigen Menschen, der sorglos auf sein Glück vertraut. Ebenso können Fragen gestellt werden, wie z. B.: Interessieren Sie sich für die Olympischen Spiele? Hatten Sie früher ein Paradekissen auf Ihrem Bett? Haben Sie Hüte getragen?

Begriffe erklären

Variante

Die TN suchen nach Wörtern, die aus unserem Sprachgebrauch schon fast verschwunden sind oder nicht mehr verwendet werden, und erklären deren Bedeutung.

Beispiel *Bandsalat*

Lösung *Magnetbänder einer Ton- oder Videokassette, die sich in der Mechanik eines Rekorders verheddert haben. Ein Bandsalat legte den Rekorder lahm und wurde durch häufiges Vor- und Rückspielen begünstigt. Im Zeitalter von CD und DVD kommt ein Bandsalat nur noch selten vor.*

Mögliche Wörter

Damenwinker (eine abstehende Haarlocke bei Männern)

Parapluie (ein Regenschirm)

Transuse (eine langsame, langweilige oder schwerfällige Person, ein Träumer, eine Schlafmütze)

Sputnik (Name der ersten zehn sowjetischen Satelliten, die eine Erdumlaufbahn erreichten)

Käfer (Das bekannte Automobil des Herstellers VW war das meistgebaute Auto der Welt und wurde nach dem Zweiten Weltkrieg zum Symbol des deutschen Wirtschaftswunders.)

Zores (Streit, Ärger, Durcheinander)

Backfisch (Bezeichnung für ein junges Mädchen)

Kleinod (ein Schmuckstück)

Schlüpfer (eine Unterhose)

Hagestolz (ein eingefleischter, älterer Junggeselle)

Richtig oder falsch?

Die TN sollen überlegen, ob die folgenden Behauptungen richtig oder falsch sind. Lesen Sie die Aussagen vor, die TN antworten.

Beispiel Gose ist eine Biersorte, die ursprünglich aus Goslar stammt.
Lösung Richtig

1. Friedrichsdor ist eine Stadt in Hessen.
   Lösung: Falsch
   Friedrichsdor ist eine preußische Goldmünze, geschaffen von Friedrich II., geprägt 1741 – 1855. Die Stadt in Hessen heißt Friedrichsdorf.
2. Weiße Rheinweine werden als „Liebfrauenmilch" bezeichnet.
   Lösung: Richtig
3. Als Ichthyologie bezeichnet man eine ärztliche Behandlung mit Ichthyol-Salbe.
   Lösung: Falsch
   Ichthyologie ist die griechische Bezeichnung für Fischkunde. Ichthyol ist eine aus Ölschiefer gewonnene, teerartig riechende Masse, die zur Herstellung von entzündungshemmenden Salben verwendet wird.
4. Das Müttergenesungswerk wurde 1950 von Elly Heuss-Knapp gegründet.
   Lösung: Richtig
5. Nappaleder ist ein besonders weiches, feines Ziegenleder.
   Lösung: Falsch
   Nappaleder ist ein Schafs- oder Kalbsleder.

6. Eine österreichische Gebäckspezialität sind die „Grandeln".
   Lösung: Falsch
   Grandeln sind Jagdtrophäen, z. B. die stumpfen, oberen Eckzähne des Rotwildes. Je älter die Tiere, desto brauner und damit wertvoller die Grandeln. Sie werden häufig zu Anstecknadeln verarbeitet.

7. „Katgut" ist die englische Bezeichnung für eine weiße Perserkatze.
   Lösung: Falsch
   Katgut (englisch) ist ein Nahtmaterial aus Tierdärmen, das für Operationen verwendet wird. Es löst sich nach Heilung im Gewebe auf.

8. Nach altem Volksglauben werden Tage wie z. B. Lichtmess (02.02.) oder Siebenschläfer (27.06.) als Lostage bezeichnet.
   Lösung: Richtig
   Sie werden so bezeichnet, weil sie wichtigen Einfluss auf die Witterung haben.

9. Wertloses Zeug bezeichnet man auch als „Krambambuli".
   Lösung: Falsch
   Es handelt sich hierbei um Danziger Wacholderbranntwein.

10. Der Monat Juli wurde nach Julius Caesar benannt.
    Lösung: Richtig

Wie geht es weiter?

Die Zahlenreihen setzen sich nach einem bestimmten System fort. Die TN sollen herausfinden, mit welcher Zahl es weitergeht. Die Übung trainiert neben der Urteilsfähigkeit auch das logische Denken.

Beispiel 126 108 90 72 54 36 = ?
Lösung 18, immer – 18

1. 16 32 48 64 80 96 = ?
   (112, immer + 16)
2. 3 9 5 20 15 45 41 = ?
   (123, x 3, – 4, x 4, – 5, x 3, – 4)
3. 43 34 47 39 53 46 61 = ?
   (52, – 9, + 13, – 8, + 14, – 7, + 15)
4. Z 97 A 78 Y 59 = ?
   (B, 40, - 19, ABC vorwärts/rückwärts)
5. 2 4 12 24 72 144 = ?
   (432, x 2, x 3)
6. 18 3 36 6 72 12 = ?
   (144, : 6, x 12)
7. 9 13 18 17 21 26 = ?
   (25, + 4, + 5, – 1)
8. 152 133 114 95 76 57 = ?
   (39, immer – 19)

Wie geht es weiter?

Varianten

(1) *Lesen Sie den TN den Anfang der folgenden Geschichte vor. Aufgabe der TN ist es, diese fortzusetzen. Die Übung trainiert neben der Formulierung auch die Fantasie und Kreativität:*

Es war an einem schönen Sommermorgen, als Familie Fröhlich beschloss, eine Fahrradtour zu unternehmen. Während Frau Fröhlich etwas zu essen und trinken für die Familie einpackte, kontrollierte Herr Fröhlich noch einmal, ob alle Räder ausreichend Luft hatten. Dann konnte es endlich losgehen. Ihr Weg führte an einem Leinpfad entlang, als plötzlich …

(2) *Geben Sie Ihren TN fünf unterschiedliche Begriffe vor, die sie in eine Geschichte einbauen. Entweder können die Wörter beliebig eingesetzt werden oder die Reihenfolge der Wörter muss eingehalten werden.*

(3) *Die TN erstellen gemeinsam ein Abc-Gedicht, d. h., dass die Zeilen mit dem jeweiligen Buchstaben des Alphabets beginnen. Entweder geben Sie den TN ein Thema vor, z. B. passend zur Jahreszeit, oder Sie überlassen es ihrer Kreativität.*

Beispiel
Alle Jahre wieder,
blüht im Frühjahr der Flieder.
Christa pflückt sich einen Strauß,
da duftet es im ganzen Haus.

A, B oder C?

Stellen Sie den TN die folgenden Fragen. Die TN sollen entscheiden, welche der drei vorgegebenen Antworten die richtige ist.

HINWEIS Wichtig ist hier die Begründung, warum die TN denken, dass es die richtige Antwort ist. Dies trainiert zusätzlich die Formulierung.

1. Was versteht man unter „Jitterbug"?
   a) schwedischer Name für Ritterburg
   b) Modetanz, der um 1920 in Amerika entstanden ist
   c) holländische Bezeichnung für ein Buch über Ritter
2. Was versteht man unter „Zilie"?
   a) exotische Blume
   b) Abkürzung von „Cäcilia"
   c) feines Haar, z. B. Augenwimper
3. Was versteht man unter „Pulterklas"?
   a) niederländische Bezeichnung für „Poltergeschirr"
   b) norddeutsche Bezeichnung für Knecht Ruprecht
   c) dänische Bezeichnung für einen Fleischklopfer
4. Was ist ein „Fennek"?
   a) Wüstenfuchs
   b) Ziehschlitten der Eskimos
   c) norwegisches Nationalgetränk

5. Was ist ein „Mottenfiffi"?
   a) Scherzwort für Pelzmantel
   b) Stück Zedernholz für Kleiderschränke
   c) abwertende Bezeichnung für den „Bobtail"
6. Was versteht man unter „Fastidium"?
   a) Fastenzeit im antiken Rom
   b) Abneigung gegen Essen
   c) Appetitzügler
7. Was wird als „Plenilunium" bezeichnet?
   a) eine Lichtluke im Plenarsaal
   b) der Vollmond
   c) die Festbeleuchtung
8. Was ist ein „Frikandeau"?
   a) französisches Hühnerfrikassee
   b) japanisches Reisgericht
   c) Fleisch vom Innenteil der Keule
9. Was versteht man unter „Obstipation"?
   a) Destilliervorgang beim Schnapsbrennen
   b) Stuhlverstopfung
   c) Kompott aus verschiedenen Obstsorten
10. Was versteht man unter „Venushaar"?
    a) italienische Bezeichnung für Schleierkraut
    b) ein Farn
    c) Haar zur Herstellung von Kunsthaarperücken
11. Wer sind die „Guanchen"?
    a) die Urbevölkerung Nordamerikas
    b) die Urbevölkerung Australiens
    c) die Urbevölkerung der Kanarischen Inseln

Produktempfehlung

Sabine Kelkel
ABC-Gedächtnisspiele für Senioren
Extragroße Bild- und Buchstabenkarten zur geistigen Aktivierung
52 farbige Karten, 9 x 9 cm, inklusive 48 Seiten Begleitheft
ISBN: 978-3-8346-3526-6

Mit diesem Material erhalten Sie frische Ideen für ein abwechslungsreiches Gedächtnistraining: Die extragroßen Abc-Bild- und Buchstabenkarten bieten zahlreiche Möglichkeiten für Gedächtnisspiele, die unterschiedliche Bereiche des Denkens trainieren.

Aktivierung to go!

In diesem Karten-Set finden Sie mündlich durchführbare Gedächtnisübungen, die Sie jederzeit schnell und ohne Vorbereitung einsetzen können. Die abwechslungsreichen Übungen sind für Senioren mit und ohne Demenz geeignet und folgenden Kategorien zugeordnet:

- Wortfindung/Wortschatz
- Assoziatives/flexibles Denken
- Wahrnehmung/Konzentration
- Urteilsfähigkeit/Formulieren

Ob in der Einzelbetreuung oder einer Gruppenrunde: Mit diesem Karten-Set in der Kitteltasche haben Sie garantiert immer die richtige Gedächtnisübung dabei!

9 783834 638748

www.verlagruhr.de

Verlag an der Ruhr